民主党政権下の日本政治

鳩山・菅・野田の対米観

浅野一弘［著］
Asano Kazuhiro

増補版

同文舘出版

増補版はしがき

　2011年3月11日に発生した東日本大震災から，5年の歳月が過ぎ去ろうとしている。発災時，政権を担っていた菅直人首相の対応をめぐって，各方面から，さまざまな批判が展開されたことは，われわれの記憶に新しい[1]。とはいえ，菅が内閣総理大臣の座にあったからこそできた何かもあったはずである[2]。このように考えると，民主党政権が残した遺産が，すべてマイナスばかりというわけではないことがわかってくる。

　そうした視点から，民主党政権下の日本政治を概観しようと試みたものが，本書であった。幸いにして，この5年間で，本書は品切れ状態となり，今回，増補版として改めて刊行される機会を得た。増補版の上梓にあたっては，かつて所収されていた「第Ⅲ部　補論」部分をすべてカットし，「第Ⅰ部　民主党政権下の日米関係」のなかに，新たに，「民主党政権下の日米首脳会談」と「野田佳彦首相の考えた日米関係」という論文を盛りこんだ。

　本書は，民主党政権下の日本政治を体系的に分析したものではなく，増補版を刊行することにためらいがなかったわけではない。だが，1,198日間の民主党政権の記録の一部を残しておくことにも，それなりの意味があると思い，刊行に踏みきった次第である。

　最後に，出版事情がより厳しさを増していくなか，増補版の刊行をご快諾いただいた同文舘出版には感謝の念でいっぱいである。

　2016年3月

浅野　一弘

〔注〕

1) たとえば，政権交代後，首相となった安倍晋三は，被災地・福島の復興に関連して，「民主党政権では，やはりやり方もうまくいかなかったんですよ，基本的なやり方自体も，進め方も」と述べている（『第百八十三回国会　衆議院予算委員会議録　第七号』2013年2月28日，5頁）。

2) 詳しくは，浅野一弘「民主党と危機管理―東日本大震災を中心に―」『季刊　行政管理研究』2011年12月号を参照されたい。

> **目　次**

増補版はしがき　　i

初出一覧　　vi

第 I 部　民主党政権下の日米関係

1 ┃ 民主党政権下の日米首脳会談　3

1. はじめに————————————————————————————3
2. 『外交青書』にみる日米首脳会談—————————————4
3. 「首相動静」でみる日米首脳会談—————————————12
4. 結び————————————————————————————20

2 ┃ 鳩山由紀夫首相の考えた日米関係　25

1. はじめに————————————————————————————25
2. 鳩山首相の考えた日米関係————————————————28
3. 鳩山首相は，どこで間違えたのか？————————————34
4. 結び————————————————————————————43

3 ┃ 菅直人首相の考えた日米関係　49

1. はじめに————————————————————————————49
2. マニフェストのなかの日米関係—————————————50
　（1）マニフェスト登場の経緯　50
　（2）マニフェストのなかの日米関係　51

iii

(3) マニフェストの変容　56

　3.　菅首相の考えた日米関係————————————58
　　(1) 国会での発言のなかの日米関係　58
　　(2) 著作のなかの日米関係　63

　4.　結び————————————————————68

4 │ 野田佳彦首相の考えた日米関係　75

　1.　はじめに————————————————75
　2.　野田佳彦という人物————————————78
　　(1) 地方自治の分野にたけた野田首相　78
　　(2) 教育問題にも関心をもつ野田首相　89

　3.　野田首相と日米関係————————————92
　4.　結び————————————————————97

5 │ 自民党政権下の日米関係　107

　1.　はじめに————————————————107
　2.　戦後日米関係の展開————————————108
　3.　日米首脳会談の変容————————————112
　　(1) 初めての日米首脳会談　114
　　(2) 日米首脳会談の変容　116
　　(3) 日米首脳会談の特質　119

　4.　結び————————————————————124
　補論————————————————————128

第Ⅱ部　民主党政権と「地域主権」

▌民主党政権と「地域主権」　133

1. はじめに————————————————————————133
2. 「地域主権」ということば——————————————134
3. マニフェストにみる「地域主権」————————148
   - (1) マニフェストの意味　148
   - (2) マニフェストのなかの「地域主権」　150
   - (3) マニフェストの変容　172
4. 結び————————————————————————————176

増補版あとがき　　185
索　　引　　187

【初出一覧】

第Ⅰ部

1「『首相動静』でみる日米首脳会談―『外交青書』との比較―」『札幌法学』第26巻第1・2合併号〔札幌大学法学会〕(2015年3月30日)。

2「鳩山首相は，どこで読みちがえたのか?―民主党政権下の日米関係―」『経済と経営』第41巻第2号〔札幌大学経済・経営学会〕(2011年3月31日)。

3「菅直人首相の考える日米関係―《革新》性と《現実主義》的アプローチのはざまで―」『海外事情』第58巻第9号〔拓殖大学海外事情研究所〕(2010年9月5日)。

4「野田佳彦首相の対米観」『札幌法学』第27巻第1・2合併号〔札幌大学法学会〕(2016年3月30日)。

5「日米関係の新展開―日米首脳会談を手がかりに―」藤本一美編『日本の政治課題―2000-2010―』〔専修大学出版局〕(2010年4月20日)。

第Ⅱ部

『民主党政権と「地域主権」』〔札幌大学附属総合研究所〕(2010年12月25日)。

第 I 部

民主党政権下の日米関係

1 | 民主党政権下の日米首脳会談

1. はじめに

首相動静　24日

安倍首相

【午前】 8時48分, 皇居。オバマ米大統領の歓迎行事。9時53分, 東京・元赤坂の迎賓館。10時29分, 昭恵夫人とともにオバマ大統領と懇談。32分, オバマ大統領と首脳会談。

【午後】 0時39分, 日米共同記者会見。1時42分, オバマ大統領と拉致被害者家族との面会に同席。58分, 官邸。2時, 菅官房長官。5時, 国家安全保障会議。6時40分, 皇居。オバマ大統領歓迎の宮中晩餐（ばんさん）会。10時7分, 東京・富ケ谷の自宅。

　これは, 2014年4月24日の安倍晋三首相の1日を伝えた, 25日付の『朝日新聞』朝刊の「首相動静」欄の記事である[1]。この欄は,「前日の午前と午後に, 首相が誰と会い, どこに行ったのかが詳しく掲載されて」おり,「公人としての首相の動きが, 国民にはっきり見える形」となったものである。それゆえ, ジャーナリストの池上彰は,「この欄を分析することで, 日本の政治の, もうひとつの側面があぶりだされるのではないか」と語っている[2]。はたして,「首相動静」欄を検証することで, ほんとうに,「日本の政治の, もうひとつの側面があぶりだされる」のであろうか。

　そこで, 本稿においては, 『朝日新聞』の「首相動静」欄に注目して, 民

第Ⅰ部　民主党政権下の日米関係

主党政権下の日米首脳会談について考察を行う。ここで，日米首脳会談に着目するのは，「日米両国間の緊密な関係は頻繁に開かれた首脳会談によって彩られている」からである[3]。また，民主党は，政権交代のかかった第45回衆議院議員総選挙（2009年8月30日）の折りのマニフェスト（政権公約）においても，「主体的な外交戦略を構築し，緊密で対等な日米同盟関係をつくります」とするなど，自民党政権下とは異なる日米関係像を模索しようとしていたからである[4]。

　なお，論述の順序としては，まずはじめに，外務省が編集をになっている『外交青書』のなかで，民主党政権下の日米首脳会談が，どのように，取りあげられているかを紹介する。というのは，「外交青書とは，国際情勢の推移及び日本が行ってきた外交活動の概観をとりまとめたもので，昭和32年（1957年）9月の第1号以来，毎年発行されて」きているからだ[5]。次に，「首相動静」欄でふれられている日米首脳会談について，着目する。そして最後に，『外交青書』との関連で，日米首脳会談に関する簡単な私見を述べてみたい。

2. 『外交青書』にみる日米首脳会談

　民主党政権は，2009年9月16日から2012年12月26日までの1,198日間（鳩山由紀夫内閣：2009年9月16日〜2010年6月8日〔266日〕，菅直人内閣：2010年6月8日〜2011年9月2日〔452日〕，野田佳彦内閣：2011年9月2日〜2012年12月26日〔482日〕）続いた。周知のように，民主党が政権を握ることとなったきっかけは，前出の第45回衆議院選挙である。このときのマニフェストには，下記のような公約が記されていた[6]。

　　○日本外交の基盤として緊密で対等な日米同盟関係をつくるため，主体
　　　的な外交戦略を構築した上で，米国と役割を分担しながら日本の責任
　　　を積極的に果たす。

○米国との間で自由貿易協定（FTA）の交渉を促進し，貿易・投資の自由化を進める。その際，食の安全・安定供給，食料自給率の向上，国内農業・農村の振興などを損なうことは行わない。

○日米地位協定の改定を提起し，米軍再編や在日米軍基地のあり方についても見直しの方向で臨む。

　これらの文言からも明らかなように，民主党は，主体性をもった外交を展開することで，新たな日米関係を切りひらいていこうと考えていたに違いない。その証左に，第93代内閣総理大臣となった鳩山は，「日本は思考停止状態の中で，『アメリカに守られているのだからしょうがないじゃないか』とばかり，アメリカのご機嫌取りに精を出しているが，結果として，地球益はもちろん，国益にすら反する行為となっていることに気付かねばならない」とし[7]，「日本の外交は，アメリカ追随型外交といわれるようなものだったことを反省する必要があります」と語っているのだ[8]。それゆえ，日米首脳会談の場で，民主党政権の総理大臣がどのような議論を展開するのかが注目されるというわけだ。

　では，『外交青書』のなかの「日米政治関係」という項目に，おのおのの日米首脳会談の詳細が盛られているので，紹介しよう。

　○2009年9月23日：鳩山・オバマ会談[9]
　　9月に就任した鳩山総理大臣は，就任直後に出席した国連総会に際してオバマ大統領と首脳会談を行った。同会談においては，鳩山総理大臣から，日米同盟を日本外交の基軸として重視していく考えを伝達し，両首脳は日米関係の強化で一致するとともに，地域の課題や地球規模の課題についても，建設的で未来志向の日米関係を築き，従来にも増して協力の幅を広げていくことを確認した。また，北朝鮮，インドネシアを含むアジア太平洋地域情勢及び気候変動，アフガニスタン・パキスタン，核軍縮・不拡散を含む地球規模の課題についても意見交換を行った。ま

た，鳩山総理大臣は，10月の第173回国会における所信表明演説において，日米両国の同盟関係が世界の平和と安全に果たせる役割や具体的な行動指針を，日本からも積極的に提言し，協力していけるような緊密かつ対等な日米同盟を構築し，日米の二国間関係はもとより，アジア太平洋地域の平和と繁栄，更には地球温暖化や「核兵器のない世界」など，地球規模の課題の克服といった面でも，日本と米国とが連携し協力し合う，重層的な日米同盟を深化させていく方針を明らかにした。

○2009年11月13日：鳩山・オバマ会談[10]

　11月には，オバマ大統領が初めてのアジア歴訪の最初の訪問地として日本を訪れ，鳩山総理大臣と首脳会談を行った。同会談において両首脳は，二国間関係はもとより，アジア太平洋地域や地球規模の課題における日米協力を強化するとともに，2010年の日米安全保障条約締結50周年に向けて，同盟深化のための協議プロセスを開始することで一致した。また，APECを含むアジア太平洋地域における連携強化を確認し，首脳会談終了後には，気候変動交渉に関する日米共同メッセージ，「核兵器のない世界」に向けた日米共同ステートメント及び日米クリーン・エネルギー技術協力に関するファクトシートを発出した。また，オバマ大統領は，東京において米国の対アジア政策に関するスピーチを行い，米国をアジア太平洋国家の一員と位置付け，同地域で米国がリーダーシップを維持・強化していく決意を表明するとともに，日米同盟はアジア太平洋地域の繁栄と安全の基盤であるとし，平等で相互尊重に基づいたパートナーシップという同盟精神を守り続けていくと言明した。

○2010年4月12日：鳩山・オバマ会談[11]

　4月にワシントンにおける核セキュリティ・サミットに際して，鳩山総理大臣は，オバマ大統領との間で意見交換を行った。日米関係については，鳩山総理大臣から日米同盟を一層深化・発展させたい，また，普

天間飛行場の移設につき，5月までに決着させたい旨を述べ，この方向で努力していくこととなった。また，オバマ大統領から，イランの核問題に関して提起があり，同問題についても意見交換が行われた。

○2010年6月25・27日：菅・オバマ会談[12)

6月，G8・G20サミット出席のためカナダを訪問した際，オバマ大統領と首脳会談を行い，同会談において，両首脳は，日米同盟が日本のみならずアジア太平洋地域の平和と繁栄の礎であることを確認し，引き続き日米で緊密に連携していくことで一致した。また，両首脳は，北朝鮮，イラン，アフガニスタン・パキスタンや，地球規模の課題についても建設的な意見交換を行った。

○2010年9月23日：菅・オバマ会談[13)

9月の国連総会に際しては，菅総理大臣とオバマ大統領との間で，また前原外務大臣とクリントン国務長官との間で，それぞれ日米首脳・外相会談が行われた。首脳会談では，菅総理大臣が，日米同盟を安全保障，経済，文化・知的・人的交流の三本柱で深化させていきたい旨を述べたのに対し，オバマ大統領は，その3つの分野の重要性について完全に同意する旨を述べた。日米首脳・外相両会談において，中国，北朝鮮などアジア太平洋地域についても議論が行われ，両首脳・大臣は，最近の海洋を巡る問題について関心を持って注視するとともに，今後，日米で緊密に連絡をとっていくことで一致した。外相会談においては，クリントン国務長官から，日米安保条約第5条が尖閣（せんかく）諸島に適用されることが改めて確認された。また，日米首脳・外相両会談において，イランに関し，日本が安保理決議第1929号の履行に付随する措置を決定したことについて，オバマ大統領及びクリントン国務長官がそれぞれ謝意を表明した。

第Ⅰ部　民主党政権下の日米関係

○2010年11月13日：菅・オバマ会談[14]

　11月，菅総理大臣は，横浜で開催されたAPEC首脳会議出席のため来日したオバマ大統領との間で3回目となる日米首脳会談を行った。同会談で両首脳は，日米同盟の深化・発展について一致し，また，オバマ大統領から菅総理大臣に対し，2011年前半の米国訪問に向けた招待があり，菅総理大臣が訪米した際に，21世紀の日米同盟のビジョンを共同声明のような形で示すことで両首脳は一致した。さらに，中国，北朝鮮を始めとするアジア太平洋地域，国連安保理改革，アフガニスタン・パキスタン，核セキュリティ・核軍縮といった地球規模の課題についても積極的な意見交換が行われた。そして，会談終了後，日米双方で「新たなイニシアティブに関するファクトシート」及び「核リスク低減に関する日米協力」の文書を発表し，また，日本側から，ファクトシート「日米同盟深化のための日米交流強化」を発表した。

○2011年5月26日：菅・オバマ会談[15]

　5月，G8ドーヴィル・サミット（於：フランス）に際して菅総理大臣は日米首脳会談を行った。菅総理大臣は，米国からの支援への謝意を示しつつ，日本は必ず復旧・復興して世界の諸問題につき米国と連携し，一層力を発揮していきたいと述べ，引き続き日米同盟を深化させていく意思を伝えた。オバマ大統領からは，強い日本は非常に重要であり，国際社会における様々な問題に効果的に参加していくというメッセージを評価したい，日本の復興を支援していくとの応答があった。その上で，両首脳は，日米関係の諸課題，さらに中東情勢，アフガニスタン・パキスタン，北朝鮮に関して意見交換を行った。

○2011年9月21日：野田・オバマ会談[16]

　同月，国連総会に出席した野田総理大臣及び玄葉外務大臣は，それぞれ日米首脳・外相会談を行った。

首脳会談においては，オバマ大統領から，世界の二大経済国として，同盟国である日本と生産的な話合いを行いたいと述べたのに対し，野田総理大臣から，震災復興・原発事故収束が最優先の課題であるが，発災以前からの内政・外政上の課題を解決し，安定した政権を作るのが自分の使命であると述べ，震災の際の米国からの支援を通じ，日米同盟が日本外交の基軸であるという信念が揺るぎないものとなったと伝えた。両首脳は厳しさを増す国際経済情勢についても意見を交わし，野田総理大臣は，日米の経済が強くあることは世界の繁栄・安定に重要であり，両国が経済成長と財政再建を両立させるとともに，G20等多国間枠組みを通じて緊密に連携していくことが重要であると述べ，欧州債務危機についてはまずは欧州の迅速な対処が不可欠であるとの考えを示した。また，両首脳は，ホノルルAPECで具体的な成果が得られるよう緊密に協力していくことで一致した。

○2011年11月12日：野田・オバマ会談[17]

　11月には，野田総理大臣及び玄葉外務大臣がAPEC首脳会議及び閣僚会議出席のためハワイを訪れ，それぞれ日米首脳会談・外相会談を行った。

　日米首脳会談においては，野田総理大臣からは，アジア太平洋地域における米国の存在感が高まっていることに非常に勇気付けられている，この地域における経済のルールや安全保障秩序の構築などにおいて日米両国で緊密に連携していきたいと述べた。また，野田総理大臣から，TPP交渉参加に向けて関係国との協議に入ることとしたとオバマ大統領に伝えた。そして，両首脳は，EASを翌週に控え，EASを地域の政治や安全保障の課題を扱う主要なフォーラムにすべきとの点で一致した。

○2011年12月20日：野田・オバマ「電話」会談[18]

　翌20日朝には，野田総理大臣とオバマ大統領との間で日米首脳電話会

第Ⅰ部　民主党政権下の日米関係

談が行われ，両国で緊密に連携していくことが確認された。

○2012年4月30日：野田・オバマ会談[19]

　3年ぶりに実現した総理大臣訪米は，4月29日から5月1日までの3日間にわたり行われ，6年ぶりとなる日米共同声明（「未来に向けた共通のビジョン」）を発表したほか，合計約2時間にわたり日米首脳会談と日米首脳昼食会が行われた。同会談では，「共通ビジョン」を基礎に，日米同盟を更に深化・発展させていくことで一致した。アジア太平洋地域における協力については，野田総理大臣から，EAS・APECといった枠組みも活用しながら，地域における秩序とルール作りに日米が主体的な役割を果たすべきことや中国との協力の重要性を強調し，両首脳は中国の国際社会での積極的な役割に期待することで一致した。また，在日米軍再編については，両首脳は，2006年の「再編のロードマップ」の計画を調整した4月27日の日米安全保障協議委員会（「2＋2」）共同発表を着実に実施していくことに合意した。さらに，環太平洋パートナーシップ（TPP）協定やエネルギー協力などの日米経済関係，青少年交流や日米桜寄贈百周年などの文化・人的交流，さらには北朝鮮やミャンマーといった地域情勢，イラン，アフガニスタンといった地球規模の課題など幅広い分野について議論がなされた。

○2012年11月14日：野田・オバマ「電話」会談[20]

　11月6日，オバマ大統領が再選を果たしたことを受け，直ちに野田総理大臣から祝意のメッセージを送り，14日には日米首脳電話会談が行われた。野田総理大臣は日米二国間の課題のみならず，アジア太平洋地域や地球規模の課題についても今後もオバマ大統領と協力したいと伝えたのに対し，オバマ大統領は，世界が直面する課題への取組において引き続き緊密に協力していきたいと述べ，両首脳は今後とも日米同盟を深化・発展させていくことを確認した。

○2012年11月20日：野田・オバマ会談[21]

　ASEAN関連首脳会議出席のためカンボジアを訪問していた野田総理大臣は，オバマ大統領と首脳会談を行った。オバマ大統領は，地域の繁栄と安全にとっての礎石である日米関係を「特別な同盟関係」と称し，これに応じて，野田総理大臣も，東アジアの安全保障環境が厳しさを増す中で，日米同盟の重要性がかつてなく高まってきていることを強調した。さらに，両首脳は，TPP協定を始めとする日米の経済関係について，日米間の貿易・投資関係の強化及びアジア太平洋地域の経済統合の推進に取り組んでいくことを確認した。

『外交青書』をみるかぎり，3回の鳩山・オバマ会談，4回の菅・オバマ会談，4回の野田・オバマ会談および2回の野田・オバマ「電話」会談が行われてきたことがわかる（表1参照）。

表1　『外交青書』にみる民主党政権下の日米首脳会談

日時	日本側	形態
2009年 9月23日	鳩山由紀夫	直接
2009年11月13日	鳩山由紀夫	直接
2010年 4月12日	鳩山由紀夫	直接
2010年 6月25・27日	菅　　直人	直接
2010年 9月23日	菅　　直人	直接
2010年11月13日	菅　　直人	直接
2011年 5月26日	菅　　直人	直接
2011年 9月21日	野田　佳彦	直接
2011年11月12日	野田　佳彦	直接
2011年12月20日	野田　佳彦	電話
2012年 4月30日	野田　佳彦	直接
2012年11月14日	野田　佳彦	電話
2012年11月20日	野田　佳彦	直接

第Ⅰ部　民主党政権下の日米関係

3. 「首相動静」でみる日米首脳会談

　しかしながら，民主党政権下の1,198日間の「首相動静」欄には，「日米首脳会談」という語は，わずか5回しか登場しない。

　　○首相動静　鳩山首相（同23日）午前，ニューヨーク市内のホテルで，オバマ米大統領と日米首脳会談[22]。
　　○首相動静13日・14日　鳩山首相【午後】6時42分，官邸玄関でオバマ米大統領を出迎え。46分，日米首脳会談[23]。
　　○首相動静29日　野田首相【午後】2時50分，羽田空港。53分，報道各社のインタビュー。3時20分，日米首脳会談のため，政府専用機で米国に向け同空港発[24]。
　　○首相動静　野田首相（現地時間30日）午前，ワシントン近郊のアーリントン国立墓地で献花。ホワイトハウスで日米首脳会談[25]。
　　○首相動静2日　野田首相【午後】0時35分，日米首脳会談を終え，米国から政府専用機で羽田空港着[26]。

　だが，うえの記述ではふれられていないものの，現実には，菅政権時に，横浜で開催されたAPEC（アジア太平洋経済協力会議）の折り，バラク・オバマ大統領が来日し，菅と首脳会談を行っているのである[27]。
　ちなみに，自民党政権のときにまで，検索の範囲をひろげても，『朝日新聞』の「首相動静」欄に，「日米首脳会談」のワードがあるのは，上記の5件を含め，わずか18件だけである（2015年2月1日現在）。

　　○首相動静・11日　村山首相　午後1時，外務省の柳井俊二外務審議官，折田正樹北米局長らとAPEC大阪会議，日米首脳会談の勉強会。野坂官房長官同席[28]。

1 民主党政権下の日米首脳会談

○首相動静・15日　村山首相【午後】3時6分，村上正邦参院自民党幹事長。10分，小倉外務審議官，川島裕外務省総合外交政策局長，平林博内閣外政審議室長らと日米首脳会談の勉強会。野坂長官同席[29]。

○首相動静・23, 24日　橋本首相　▼24日　午前，国連本部で包括的核実験禁止条約（CTBT）署名式。クリントン米大統領の一般討論演説を傍聴。米国連代表部で日米首脳会談。＝現地時間[30]

○首相動静・18日　森首相【午後】5時14分，羽田空港。35分，日米首脳会談のため麻生経済財政担当相らとともに政府専用機でワシントンに向け，同空港発[31]。

○首相動静・15日　小泉首相【午後】4時5分，安倍副長官，岡本行夫内閣官房参与，加藤駐米大使，大島正太郎外務審議官。日米首脳会談の勉強会[32]。

○首相動静・18日　小泉首相【午前】10時4分，東京・麻布台の外務省飯倉公館。16分，日米首脳会談[33]。

○首相動静16日　小泉首相【午前】10時10分，京都市上京区の京都迎賓館。12分，ブッシュ大統領と日米首脳会談[34]。

○首相動静15日　福田首相【午後】5時55分，羽田空港。6時22分，日米首脳会談のためワシントンに向け政府専用機で同空港発[35]。

○首相動静17日　福田首相【午後】10時53分，米国・ワシントンでの日米首脳会談を終えて政府専用機で羽田空港着[36]。

○首相動静23日　麻生首相【午後】8時23分，羽田空港。51分，日米首脳会談のため，政府専用機で米ワシントンに向け出発[37]。

○首相動静24日　麻生首相（同24日）午前，ホワイトハウスでオバマ米大統領と日米首脳会談[38]。

○首相動静21日　安倍首相【午後】5時2分，報道各社のインタビュー。25分，羽田空港。51分，日米首脳会談のため，政府専用機で米国に向け同空港発。岸田外相同行[39]。

○首相動静24日　安倍首相【午後】1時34分，日米首脳会談を終え，米

13

第Ⅰ部　民主党政権下の日米関係

国から政府専用機で羽田空港着[40]。

　これまで，日米首脳会談が，都合124回開催されてきたことと照らし合わせてみると，「日米首脳会談」ということばで検索したのでは，不十分であるということがわかる[41]。そこで，「首相動静」欄のなかに，米国大統領の名前を入れて，記事を検索することとする。民主党政権のカウンターパートは，バラク・オバマ大統領であるので，「首相動静」に，「オバマ」の名があるときを抽出してみると，以下のような記事が得られる。

○首相動静　鳩山首相（同23日）午前，ニューヨーク市内のホテルで，オバマ米大統領と日米首脳会談。午後，ロシアのメドベージェフ大統領と日ロ首脳会談[42]。
○首相動静　鳩山首相（現地時間23日）午後，ジャパン・ソサエティー主催昼食会。ニューヨーク市内のホテルでオーストラリアのラッド首相と日豪首脳会談。韓国の李明博大統領と日韓首脳会談。同市のメトロポリタン美術館でオバマ大統領夫妻主催のレセプションに出席。同市内のホテル泊[43]。
○首相動静10日　鳩山首相【午前】8時25分，オバマ米大統領と電話会談。49分，松井副長官[44]。
○首相動静13日・14日　鳩山首相【午後】6時42分，官邸玄関でオバマ米大統領を出迎え。46分，日米首脳会談。8時33分，共同記者会見。9時13分，公邸。14分，首相主催の夕食会。10時40分，公邸玄関でオバマ大統領を見送り。11時57分，羽田空港[45]。
○首相動静12, 13日　鳩山首相（現地時間12日）午前，政府専用機で米ワシントン近郊のアンドリュース空軍基地着。午後，ワシントン・コンベンション・センターでベトナムのグエン・タン・ズン首相と会談。ブラジル大使公邸でブラジルのルラ大統領と会談。マリオット・ワードマン・パーク・ホテルで中国の胡錦濤国家主席と会談。コンベンシ

14

ョン・センターでオバマ米大統領の出迎えを受ける。欧州連合（EU）のファンロンパイ首脳会議常任議長（EU大統領）と会談。核保安サミット首脳との夕食会でオバマ米大統領と意見交換。ホテル「ウィラード・インターコンチネンタル」で同行記者団のインタビュー。同ホテル泊[46)]。

○首相動静28日　鳩山首相【午前】7時58分，公邸で平野官房長官，松野副長官，河相副長官補。8時5分，オバマ米大統領と電話。平野，松野，河相各氏同席。30分，国会[47)]。

○首相動静5日6日　▼菅新首相　▽6日【午前】0時10分，オバマ米大統領と電話会談。仙谷，古川両氏，福山外務副大臣，河相官房副長官補，薮中事務次官ら同席。45分，ホテルニューオータニ泊[48)]。

○首相動静　菅首相（現地時間25日）午後，主要国首脳会議（G8サミット）会場のカナダ・ハンツビル市のホテルでハーパー・カナダ首相による出迎え。オバマ米大統領と立ち話。ファンロンパイEU首脳会議常任議長（EU大統領），バローゾ欧州委員長と立ち話。G8首脳と昼食会。写真撮影。メドベージェフ・ロシア大統領と立ち話。G8とアフリカ7カ国首脳の拡大会合。同会合に中南米3カ国首脳を加えた拡大会合。写真撮影。ユースサミット参加者と懇談。G8首脳と夕食会。カナダ人歌手によるコンサートを鑑賞。同市内のホテル泊[49)]。

○首相動静　菅首相（現地時間27日）午後，カナダ・トロント市のホテルで，20カ国・地域首脳会議（G20サミット）出席者と記念撮影。ユースサミットに参加したG20各国の若者と懇談。各国首脳と昼食会。G20首脳会議。国際メディアセンターで内外記者会見。同市内のホテルで，オバマ米大統領と会談。岡田外相，野田財務相同席。同行記者団インタビュー。同市内のピアソン国際空港。伸子夫人とともに，政府専用機で同空港発[50)]。

○首相動静　菅首相（現地時間23日）午後，米ニューヨークの国連本部で潘基文事務総長主催の昼食会。安保理首脳会合に出席，演説。宿泊

先のインターコンチネンタルホテルで休憩。ウォルドルフ・アストリアホテルでオバマ米大統領と首脳会談。ミレニアムUNプラザホテルで国連邦人職員と懇談。同行記者団インタビュー。インターコンチネンタルホテル泊[51]。

○首相動静13日　菅首相【午前】9時12分，横浜市西区の横浜ロイヤルパークホテル。29分，アジア太平洋経済協力会議（APEC）CEOサミットに出席，あいさつ。46分，宿泊先のヨコハマグランドインターコンチネンタルホテル。10時36分，パシフィコ横浜でオバマ米大統領と会談。【午後】0時2分，インターコンチネンタルホテルでAPEC各国首脳を出迎え[52]。

○首相動静12日　菅首相【午前】0時15分，オバマ米大統領と電話会談。松本外相，高橋外務副大臣，外務省の梅本北米局長，福山官房副長官同席。40分，枝野官房長官，福山副長官[53]。

○首相動静17日　菅首相【午前】7時47分，官邸で福山官房副長官。8時30分，枝野官房長官，経産省の松永事務次官，細野資源エネルギー庁長官加わる。44分，全員出る。10時22分，オバマ米大統領と電話。松本外相，外務省の梅本北米局長同席。【午後】0時33分，民主党の斎藤勁国対委員長代理[54]。

○首相動静30日　菅首相【午前】11時15分，オバマ米大統領と電話。福山副長官，外務省の梅本北米局長同席。【午後】0時，民主党の寺田学衆院議員[55]。

○首相動静　菅首相（現地時間26日）午後，ホテル・ロワイヤル・バリエールでオバマ米大統領と会談。レストラン・レシロフでG8首脳とワーキングディナー。ホテル・ノルマンディー・バリエール泊[56]。

○首相動静1日　▼野田新首相【午後】10時1分，財務省。40分，オバマ米大統領と電話会談。11時9分，ホテルニューオータニ[57]。

○首相動静　野田首相（現地時間21日）午後，米ニューヨークの国連本部でオバマ米大統領と会談。インターコンチネンタルホテルで同行記

者団のインタビュー。同ホテルでカナダのハーパー首相と会談。ル・パーカー・メリディアン・ニューヨークホテルで韓国の李明博大統領と会談。国連本部で潘基文国連事務総長と会談。インターコンチネンタルホテルで国連邦人職員と懇談。同ホテル泊[58]。

○首相動静　野田首相（現地時間12日）午前，米ハワイ・ホノルルの国立太平洋記念墓地で献花。カカアコ臨海公園で愛媛県立宇和島水産高校の実習船「えひめ丸」の慰霊碑前で黙祷（もくとう），献花。シェラトンワイキキホテルで中国の胡錦濤国家主席と会談。午後，ハレコアホテルでオバマ米大統領と会談。ホテル，モダンホノルルでロシアのメドベージェフ大統領と会談。プリンスホテルワイキキで報道各社のインタビュー。全米商工会議所のドナヒュー会頭。ペルーのウマラ大統領と会談。経団連の米倉弘昌会長。ハレコアホテルでオバマ米大統領夫妻主催の夕食会。プリンスホテルワイキキ泊[59]。

○首相動静20日　野田首相【午前】8時45分，官邸。55分，安全保障会議。9時38分，長島首相補佐官。10時2分，閣議。30分，オバマ米大統領と電話協議。45分，川端総務相[60]。

○首相動静27日　野田首相（現地時間27日）午前，韓国・ソウル市のコンベンションセンター「COEX」で，韓国の李明博大統領の出迎え。中国の胡錦濤国家主席，オバマ米大統領らと相次ぎ懇談。核保安サミット全体会合。ロシアのメドベージェフ大統領と懇談。各国首脳と写真撮影。午後，各国首脳とワーキングランチ。同市のロッテホテルで報道各社のインタビュー。政府専用機でソウル市の金浦空港発[61]。

○首相動静　野田首相（現地時間30日）午後，ホワイトハウスでオバマ米大統領主催の昼食会。共同記者会見。ブレアハウス（迎賓館）で米航空宇宙局（NASA）のボールデン長官や宇宙飛行士の若田光一さんらが表敬。ワシントン市内のナショナル・ジオグラフィック協会でクリントン米国務長官主催のレセプションと夕食会。ホテル「ウィラード・インターコンチネンタル」で同行記者団と懇談。ブレアハウス

第Ⅰ部　民主党政権下の日米関係

泊[62]。

○首相動静19日　野田首相（現地時間18日）午前，メキシコ・ロスカボスのホテル「シェラトン」でインドネシアのユドヨノ大統領と会談。午後，ホテル「ベンタナ」でロシアのプーチン大統領と会談。ホテル「メリア・カボ・レアル」で報道各社のインタビュー。コンベンションセンターでオバマ米大統領らと立ち話。主要20カ国・地域（G20）首脳会議に出席。ワーキングディナー。政府専用機でロスカボス国際空港発。給油のため米国のロサンゼルス国際空港着[63]。

○首相動静14日　野田首相【午後】11時40分，オバマ米大統領と電話。50分，終了[64]。

○首相動静　野田首相（現地時間20日）午前，プノンペンの首相府で日・東南アジア諸国連合（ASEAN）グローバル・ダイアログ。オバマ米大統領と会談。報道各社のインタビュー。インドのシン首相と会談。午後，東アジアサミット（EAS）昼食会。EAS全体会合。政府専用機でプノンペン国際空港発[65]。

　このように，民主党政権時の「首相動静」の欄のなかに，「オバマ」の名があったのは，合計24件であった。首相別でみると，鳩山：6件，菅：9件，野田：9件となっている。重複などを整理したものが，表2および表3である。

表2 「首相動静」でみる民主党政権下の日米首脳会談

日時	日本側	場所
2009年 9月23日	鳩山由紀夫	ニューヨーク
2009年11月13日	鳩山由紀夫	東京
2010年 4月12日	鳩山由紀夫	ワシントン D.C.
2010年 6月25・27日	菅　直人	カナダ（トロント）
2010年 9月23日	菅　直人	ニューヨーク
2010年11月13日	菅　直人	横浜
2011年 5月26日	菅　直人	フランス（ドービル）
2011年 9月21日	野田　佳彦	ニューヨーク
2011年11月12日	野田　佳彦	ハワイ州ホノルル
2012年 3月27日	野田　佳彦	韓国（ソウル）
2012年 4月30日	野田　佳彦	ワシントン D.C.
2012年 6月18日	野田　佳彦	メキシコ（ロスカボス）
2012年11月20日	野田　佳彦	カンボジア（プノンペン）

表3 「首相動静」でみる民主党政権下の日米首脳電話会談

日時	日本側
2009年 11月10日	鳩山由紀夫
2010年 5月28日	鳩山由紀夫
2010年 6月 6日	菅　直人
2011年 3月12日	菅　直人
2011年 3月17日	菅　直人
2011年 3月30日	菅　直人
2011年 9月 1日	野田　佳彦
2011年12月20日	野田　佳彦
2012年11月14日	野田　佳彦

第Ⅰ部　民主党政権下の日米関係

4. 結び

　ここで，注目したいのは，表3の日米首脳電話会談の存在である。前出の
『外交青書』には，野田政権下での2度の日米首脳電話会談については言及
がなされているものの，それ以外の電話会談についてはふれられていない。
しかしながら，たとえば，2011年3月12日の日米首脳電話会談は，東日本大
震災発生翌日のものであり，きわめて大きな意味を有していたはずだ。なぜ
なら，「3月11日の東日本大震災に際し，日米両国は緊密に連携し，未曽有
の危機への対応に当たった」からである[66]。

　また，日米両首脳が直接，顔を合わせた会談であっても，『外交青書』で
取りあげられていないものもある。それが，2012年3月27日と6月18日の野
田・オバマ会談である。それでは，なぜ，これら2つの会談についての言及
が『外交青書』のなかでなされていないのであろうか。新聞報道をみると，
前者の会談については，「オバマ大統領とは，全体会合の直前に首相から『日
米で連携して北朝鮮の自制を求めていかなければいけない』。大統領は『そ
の通りだ。この問題にしっかり取り組まなければならない』と応じた。その
間2～3分」と伝えられている。このときは，韓国（ソウル）で開催され
ていた「核保安サミットに出席した野田佳彦首相は27日，全体会合の合間を
縫って，各国首脳と相次いで懇談した」のであった[67]。また，後者に関しては，
「野田佳彦首相とオバマ米大統領は18日，メキシコ・ロスカボスでの主要20
カ国・地域（G20）首脳会議の会場で立ち話をした。日本のTPP交渉参加に
向け日米両国の協議を進めるよう努力することを確認。メキシコが18日に米
国など交渉9カ国の同意取り付けを終え参加を決めたことなど，TPPの進展
についても話題になった」と報じられていた[68]。

　おそらく，核保安サミット時の2～3分の懇談とG20の折りの立ち話で
しかなかったため，外務省は，これら2つの"会談"を『外交青書』に盛ろう
とはしなかったのであろう。だが，前者に関しては，事前に，「野田佳彦首

20

相は2日，韓国のソウルで26, 27両日に開く核安全保障サミットに出席する方向で調整に入った。東京電力福島第1原発事故を踏まえた原子力規制庁の新設などの対応を国際社会に説明する。オバマ米大統領，李明博（イ・ミョンバク）大統領らとの個別会談も模索している。首相周辺が明らかにした」との報道があったことからもわかるように，もともと，日米首脳会談の設定をめざしていたのである[69]。したがって，たとえ，2～3分の懇談に終わってしまったとはいえ，この時点で，両首脳が顔を合わせることの意味はあったはずである。また，後者についても，「野田佳彦首相は今回の20カ国・地域（G20）首脳会議でもTPP交渉への参加表明を見送った」ことを受けてのものであり，たとえ，立ち話であっても，その後のTPP（環太平洋パートナーシップ協定）交渉などの動向を考えるうえでも重要な顔合わせであったかもしれない[70]。

　にもかかわらず，『外交青書』のなかに，これら2つの"会談"に関する記述がいっさいないということになると，外務省にとって，何か不都合なことがあるのではないかとの勘ぐりをしたくなってしまいかねない。その意味において，時間の多寡にかかわらず，日米両首脳の顔合わせについては，直接のケースであれ，電話の場合であれ，『外交青書』に記録として残していくことが重要ではなかろうか。

　また，「首相動静」に関しても，日米首脳電話会談について，開始時刻と終了時刻を明記しているのは，2012年11月14日のときだけである。どれほどの時間，日米の両首脳が電話で会話をしたかという点も，両国の関係をみていくうえで，貴重な情報といってよい。その意味から，「首相動静」の記述についても，さらなる充実をしていくことが望まれよう。こうすることで，われわれが政権を監視していく環境も，徐々にではあるが，整備されていくのだ。

第Ⅰ部　民主党政権下の日米関係

〔注〕────────────────────────────────

1）『朝日新聞』2014年4月25日，4面。
2）池上彰『今日の総理』（ビジネス社，2009年），1～2頁。
　　ちなみに，同書では，「朝日新聞に『首相動静』が掲載されるようになったのは，1977年2月の福田赳夫内閣からです」とされている（同上，2頁）。
3）増田弘「日米首脳会談」川田侃・大畠英樹編『国際政治経済辞典』〔改訂版〕（東京書籍，2003年），583頁。
4）「民主党　政権政策Manifesto」（2009年7月），15頁（http://archive.dpj.or.jp/special/manifesto2009/pdf/manifesto_2009.pdf〔2015年2月1日〕）。
5）http://www.mofa.go.jp/mofaj/gaiko/bluebook/（2015年2月1日）。
6）前掲「民主党　政権政策Manifesto」（2009年7月），22頁。
7）鳩山由紀夫『新憲法試案─尊厳ある日本を創る─』（PHP研究所，2005年），251頁。
8）鳩山由紀夫「アジア外交の基本は『自立』と『共生』」鳩山由紀夫・菅直人『民益論─われら官僚主導を排す─』（PHP研究所，1997年），112頁。
9）外務省編『外交青書2010』（第53号），60頁。
10）同上，60～61頁。
11）外務省編『外交青書2011』（第54号），67頁。
12）同上，68頁。
13）同上。
14）同上，68～69頁。
15）外務省編『外交青書2012』（第55号），82頁。
16）同上，82～83頁。
17）同上，83頁。
18）同上，84頁。
19）外務省編『外交青書2013』（第56号），61頁。
20）同上，62頁。
21）同上。
22）『朝日新聞』2009年9月24日，2面。
23）同上，2009年11月14日，4面。
24）同上，2012年4月30日，3面。
25）同上，2012年5月1日，3面。
26）同上，2012年5月3日，4面。
27）首相官邸のホームページには，「平成22年11月13日午前，菅総理は横浜で開催されるAPEC首脳会議への出席を前に日本経団連主催のCEOサミットに出席し，あいさつを行いました。その後，アメリカ合衆国のバラック・オバマ大統領と日米首脳会談を行い

ました」と明記されている（http://www.kantei.go.jp/jp/kan/actions/201011/13apec. html〔2015年2月1日〕）。

28）『朝日新聞』1995年11月12日，2面。

29）同上，1995年11月16日，7面。

30）同上，1996年9月25日，7面。

31）同上，2001年3月19日，2面。

32）同上，2002年2月16日，4面。

33）同上，2002年2月19日，4面。

34）同上，2005年11月17日，4面。

35）同上，2007年11月16日，4面。

36）同上，2007年11月18日，2面。

37）同上，2009年2月24日，4面。

38）同上，2009年2月25日，4面。

39）同上，2013年2月22日，4面。

40）同上，2013年2月25日，3面。

41）なお，日米首脳会談の歴史については，浅野一弘『現代政治の争点―日米関係・政治指導者・選挙―』（同文舘出版，2013年），26～29頁を参照されたい。

42）『朝日新聞』2009年9月24日，2面。

43）同上，2009年9月25日，4面。

44）同上，2009年11月11日，4面。

45）同上，2009年11月14日，4面。

46）同上，2010年4月14日，4面。

47）同上，2010年5月29日，4面。

48）同上，2010年6月6日，2面。

49）同上，2010年6月27日，2面。

50）同上，2010年6月29日，4面。

51）同上，2010年9月25日，4面。

52）同上，2010年11月14日，2面。

53）同上，2011年3月13日，4面。

54）同上，2011年3月18日，6面。

55）同上，2011年3月31日，4面。

56）同上，2011年5月28日，4面。

57）同上，2011年9月2日，4面。

58）同上，2011年9月23日，4面。

59）同上，2011年11月15日，4面。

60) 同上，2011年12月21日，4面。

61) 同上，2012年3月28日，4面。

62) 同上，2012年5月2日，4面。

63) 同上，2012年6月20日，4面。

64) 同上，2012年11月15日，4面。

65) 同上，2012年11月21日，4面。

66) 外務省編，前掲書『外交青書2012』（第55号），81頁。

67) 『朝日新聞』2012年3月28日，4面。

68) 同上，2012年6月20日，9面。

69) 『日本経済新聞』2012年3月3日，2面。

70) 同上，2012年6月19日（夕），3面。

2 | 鳩山由紀夫首相の考えた 日米関係

1.はじめに

　2009年10月26日，「あの暑い夏の総選挙の日から，既に2カ月がたとうとしています」というフレーズから始まる，鳩山由紀夫首相の初めての所信表明演説が行われた。そのなかで，鳩山は，日米関係について，次のように語っている[1]。

　　古来，諸外国との交流や交易の中で，豊かな日本文化がはぐくまれてまいりました。二度と再び，日本を取り巻く海を争いの海にしてはなりません。友好と連帯の実りの海であり続けるための努力を続けることが大切です。このことは，日本のみならず，アジア太平洋地域，そして世界全体の利益だと考えます。

　　その基盤となるのは，緊密かつ対等な日米同盟であります。ここで言う対等とは，日米両国の同盟関係が世界の平和と安全に果たせる役割や具体的な行動指針を，日本の側からも積極的に提言し，協力していけるような関係であります。私は，日米の二国間関係はもとより，アジア太平洋地域の平和と繁栄，さらには，地球温暖化や核のない世界など，グローバルな課題の克服といった面でも，日本と米国とが連携し，協力し合う，重層的な日米同盟を深化させてまいります。

　　また，こうした信頼関係の中で，両国間の懸案についても率直に語り合ってまいります。とりわけ，在日米軍再編につきましては，安全保障

上の観点も踏まえつつ，過去の日米合意などの経緯も慎重に検証した上
で，沖縄の方々が背負ってこられた負担，苦しみや悲しみに十分に思い
をいたし，地元の皆様の思いをしっかりと受けとめながら，真剣に取り
組んでまいります。

　このときの鳩山の所信表明演説は，政権交代後，初めてのものということ
もあり，大きな注目を集めた。とりわけ，普天間飛行場の移設問題について，
鳩山がどのように語るかに，多大な関心が寄せられたといっても過言ではな
かろう。というのは，鳩山は，第45回衆議院議員総選挙（2009年8月30日）
をまえにして，さかんに，この問題を取りあげ，県外・海外移設への期待を
高めていたからである。表1をみてもわかるように，総選挙をまえにした7
月19日，沖縄市で開催された集会において，「最低でも県外の移設というも
のに，皆さん方が気持ちをひとつにするなら，我々も積極的に行動を起こさ
なければならない」と述べ，8月17日には，6党党首討論の場で，「海外へ
の移転が望ましいが，最低でも県外移設が期待される」と断じていたのだ[2]。
　しかしながら，鳩山の首相就任後初の所信表明演説のなかには，「普天間」
という語はみられなかった。ただ，「在日米軍再編につきましては，安全保
障上の観点も踏まえつつ,過去の日米合意などの経緯も慎重に検証した上で，
沖縄の方々が背負ってこられた負担,苦しみや悲しみに十分に思いをいたし，
地元の皆様の思いをしっかりと受けとめながら，真剣に取り組んでまいりま
す」との一般論が述べられたに過ぎない。そして，それ以降，普天間問題を
めぐる鳩山の発言は二転三転し，日米関係が迷走を続けたことは，周知のと
おりである。
　そこで，本稿においては，まずはじめに，鳩山の考えた日米関係とはどの
ようなものであったのかについて，検証してみたい。次に，どの時点で，鳩
山が，それまでの発言を撤回し，方向転換をはかっていれば，これほどまで
に日米関係がこじれずに済んだのかに関して，言及する。そして最後に，鳩
山政治に対する簡単な私見を述べたいと思う。

2 鳩山由紀夫首相の考えた日米関係

表1　普天間基地移設問題での鳩山の発言の変遷

2009年	
7月19日	「**最低でも県外の移設**というものに，皆さん方が気持ちをひとつにするなら，我々も積極的に行動を起こさなければならない」（沖縄市での集会で）
8月17日	「海外への移転が望ましいが，**最低でも県外移設が期待される**」（衆院選の6党党首討論で）
10月7日	「（県外移設などの公約について）時間によって変化する可能性を私は否定しない」（記者団に）
11月13日	（オバマ米大統領に）「**トラスト・ミー**」（日米首脳会談で）
12月25日	「5月までに新しい移設先を含めて決定してまいりたい」（記者会見で）
2010年	
1月25日	（名護市長選で辺野古への基地移設反対の市長誕生を受け）「国が責任を持って，**5月の末までに結論を出す**」（記者団に）
3月4日	「3月中のいずれかの時点では政府の考え方をまとめなきゃいかんと思う」（首相官邸で記者団に）
3月31日	「今，**腹案**を持ち合わせている。現行案と同等か，それ以上に効果のある案だ」（党首討論で）
4月24日	「辺野古の海が埋め立てられることの**自然への冒涜**を大変強く感じた。現行案が受け入れられる話は，あってはならない」（視察先で記者団に）
5月4日	「日米の同盟関係，近隣諸国との関係を考えた時に，**抑止力**という観点からすべてを県外にというのは現実問題，難しいという思いになった」（沖縄県庁での仲井真知事との会談で） 「公約は党の考え方。（「最低でも県外」は）私自身の党代表としての発言だ」（沖縄県内で記者団に）
5月23日	「『**できる限り県外**』という言葉を守れなかったことを，心からおわびしたい」（沖縄県庁での仲井真知事との会談で辺野古移設を釈明）
5月28日	「**海兵隊全体を本土に移す選択肢は現実にはありえなかった。沖縄を傷つけたことにおわび申し上げます**」（辺野古移設を閣議決定した後の記者会見で）

出所：『週刊朝日』2010年6月11日号，27頁。

第Ⅰ部　民主党政権下の日米関係

2. 鳩山首相の考えた日米関係

　ここでは，鳩山が，総理就任まえに記した書籍を中心に，鳩山の描いていた日米関係像を浮き彫りにしたいと考えている。「鳩山由紀夫ホームページ」の著作紹介欄をみると，そこには，菅直人との共著である『民益論——われら官僚主導を排す——』（PHP研究所，1997年）と「ローマクラブの創設者アウレリオ・ペッチェイ氏の遺言（未完）となった」，『「成長の限界」に学ぶ』（小学館，2000年）の2冊が掲げられている[3]。前者の『民益論』では，日米関係に関する具体的な記述があるものの，残念ながら，後者の『「成長の限界」に学ぶ』のなかには，日米関係そのものに関する言及がみられない。だが，鳩山は，これ以外に，『新憲法改正試案——尊厳ある日本を創る——』（PHP研究所）と題する書籍を2005年に刊行しており，そのなかで，日米関係についての記述を行っている。そこで，以下においては，『民益論』と『新憲法改正試案』の2冊に着目し，鳩山の考えた日米関係像の一端に迫りたい。

　では，鳩山は，自民党政権下における日米関係について，どのような印象を抱いていたのであろうか。『民益論』のなかで，次のように述べている[4]。

　　いままでの外交は，米ソ冷戦時代の影響でアメリカに依存していました。そして，それを国益と思っていたのです。冷戦時代は，たぶん，それでよかったのでしょう。しかし，冷戦終焉後の今日，その発想によってアメリカにもバカにされた日本になってしまいました。日本の外交は，アメリカ追随型外交といわれるようなものだったことを反省する必要があります。そして，独立国の日本としての外交を見出さなければいけない。いままでのような依存型外交ではなくて，自立型外交というものです。

　鳩山のこの記述からもわかるように，冷戦後の世界においてもなお，自民

党が推し進めた「米国追随外交」に対して，強い批判を投げかけている。加えて，鳩山は，「日本は思考停止状態の中で，『アメリカに守られているのだからしょうがないじゃないか』とばかり，アメリカのご機嫌取りに精を出しているが，結果として，地球益はもちろん，国益にすら反する行為となっていることに気付かねばならない」とまで断じているのだ[5]。

このように，「米国追随外交」に批判的なスタンスをとる鳩山ではあるが，日米安保体制そのものを否定しているのかといえば，そうではないようだ。それは，「日米安保体制は，今後も日本外交の基軸であり続ける。それは紛れもなく重要な日本外交の柱」との記述からも明らかであろう[6]。ただ，鳩山は，「だが，同時にわれわれは，アジアに位置する国家としてのアイデンティティを忘れてはならない」としたうえで，「われわれは，活力に満ち，ますます緊密に結びつきつつあるアジア太平洋地域を，わが国が生きていく基本的な生活空間と捉えて，この地域に安定した経済協力と安全保障の枠組みを創る努力を続けなくてはならない」とも記しているのだ[7]。おそらく，こうした発想が，前出の「いままでのような依存型外交ではなくて，自立型外交というもの」をめざすということを意味するに違いない。ここでいう「自立型外交」とは，鳩山のことばを借りれば，以下のようなものとなろう[8]。

　「自立型外交」というと，すぐに「自主防衛強化論か」と危険なものに思われるかもしれませんが，そういう意味ではありません。すべてがアメリカの，あるいは，ほかの先進国のいいなりになって，あたかも国連の常任理事国入りを目指すためには「じっと我慢の子」でいるべきだという発想から解放された，自分の考えを世界の国々に対して発信できるような国になるべきだという意味での自立です。

こうした文脈において，鳩山が初の所信表明演説でも言及した「東アジア共同体」の考え方が登場するのであろう[9]。現に，鳩山は，『新憲法改正試案』のなかで，「私は，今後50年の日本の国家目標の1つとして，一言でいえば，

第Ⅰ部　民主党政権下の日米関係

アジア太平洋版のEUを構想し，その先導役を果たすことを挙げたい」との決意を披露している[10]。そして，そのためにも，「民主党は，結党のときにアジアの国々と歴史的事実を共有することをうたいました。これは民主党にとっての『一丁目一番地』，つまり，最優先の政策として掲げたつもりです」と力説しているのだ[11]。

　さて，鳩山の考えた日米関係像，とりわけ在日米軍基地のあり方について，もう少し，詳しくみてみよう。鳩山は，「今，米軍の再編問題が在日米軍基地のあり方に大きな影響を及ぼし始めてきている。いやがおうにも対米関係を再設計せねばならないこの機に，日本は思考停止状態から早く脱却し，国家としての主体性を取り戻さねばならない」とまで論じている[12]。とはいえ，鳩山自身が，日米安保体制をいちおう肯定する立場に立っているのは，先にみたとおりである。では，鳩山は，どのようなアプローチをとることで，沖縄に集中する在日米軍基地の問題を解決しようと考えていたのであろうか。鳩山は，著書のなかで，次のように論じていた[13]。

　　沖縄問題は，いかにアメリカに対して政党として交渉能力を有するかにあると思っています。自民党や新進党は海兵隊の削減をアメリカに要求するつもりはありませんし，共産党や社民党は特措法そのものに反対ですので，日米安保条約を重視しない政党は，アメリカに対して交渉力はありません。民主党は特措法に賛成することによってアメリカに対し，決して日米安保条約軽視ではないことを理解させ，その民主党の安保政策のなかで海兵隊の即応後方配備にアメリカの理解を求めることが沖縄の基地問題の解決になると確信しています。

　ちなみに，ここにある「即応後方配備」とは，軍事アナリストの小川和久による「造語」であるらしく，「米側にとっては，紛争に備えて即座に対応できる拠点としての機能が沖縄に維持できればいい。地上部隊の主力はオーストラリア北部などに移転させる。紛争の兆候が出たら，一定時間以内にそ

こから戻ってくることにして，装備品はその駐屯地と沖縄の両方に備えるといった対応」などをいうようだ[14]。換言するならば，「①海兵隊が有事の際に戻って使える基地が確保されている②紛争の兆候が現れたら，例えば24時間以内に（沖縄以外の）駐屯地から戻るようにする③訓練や教育に必要な装備品を沖縄と駐屯地にそれぞれ配備する」というわけだ[15]。なお，小川によれば，湾岸危機が生じた折り，「カリフォルニアに駐留する第1海兵遠征部隊は2日半で，第4海兵遠征旅団は6日間で，それぞれサウジアラビアに展開を完了した。その戦略機動力の中心は民間予備航空隊制度（CRAF）で，わずか1カ月ほどの間に7万5,000人の兵士と6万5,000トンの装備が航空機によって作戦地域に送り込まれた。特に最初の数週間，10分間に1機の割合でCRAFなどの航空機がサウジアラビアに到着した」という。こうしたCRAFの戦略機動能力を前提として，「即応後方配備」の考え方が導き出されるようだ[16]。

　こうした「即応後方配備」という考え方を発展させて，鳩山が導き出したアイデアが，雑誌『文藝春秋』（1996年11月号）に発表された，「常時駐留なき安保」論であろう。鳩山によれば，ある一定の「国際環境を日本が自ら先頭に立って作り出し，成熟させていくことができれば，その進度に応じて，沖縄・本土の米軍基地の整理・縮小・撤去と『常時駐留なき安保』への転換を図ることができる」というわけだ。そして，14年後の「2010年を目途として，日米安保条約を抜本的に見直して，日米自由貿易協定と日米安保協定とを締結して，日米関係を新しい次元に引き上げつつ，対等なパートナーシップとして深化させていくことを提唱したい」との考えを示していた[17]。

　では，鳩山のいう「国際環境」とは，どのようなものなのであろうか。それは，「ASEAN拡大外相会議や安全保障に関するASEAN地域フォーラム（ARF）に積極的に参加するだけでなく，北東アジアでもそれと同様の多国間の信頼醸成と紛争予防，そして非核地帯化のための地域的安保対話システムを作り上げ，並行して北朝鮮やロシア極東部を含む多角的な経済協力を推進」するなかで，つくり出されるものであって，「いわゆる『極東有事』が

第Ⅰ部　民主党政権下の日米関係

発生しない北東アジア情勢を作り出していく」ことであるようだ[18]。

　加えて，鳩山は，「常時駐留なき安保」を実現していくために，「沖縄県が打ち出している『2015年までにすべての米軍基地の返還を実現する』という基地返還アクション・プログラムと，その跡地利用を中心として沖縄を再び東アジアの交易・交通拠点として蘇らせようという国際都市形成構想とを，十分に実現可能な沖縄の将来像としてイメージするところから考え始める」ことを提唱していた。そうすることで，「沖縄の米軍基地が返ってくる（ということは，その3分の1しかない日本本土の基地も当然返ってくる）ことを可能にするようなアジアの紛争防止・信頼醸成の多国間安保対話のシステムをどう作り上げていくか，また本質的に冷戦の遺物である日米安保条約を21世紀のより対等で生き生きとした日米関係にふさわしいものにどう発展させていくか，といったことが，外交・安保政策の長期的な中心課題として浮上する」というわけだ。もっとも，その際に，「国が沖縄で強権を発動すれば，流血の事態にもなりかねず，沖縄の人々の本土不信は取り返しのつかないほど深まるに違いない」とも記していることを付言しておきたい[19]。

　実際，1996年に出された民主党の「基本政策」にも，鳩山の考え方は，色濃く反映されている[20]。

【国連改革と地域的安全保障体制の確立】

　日米関係を基軸としつつ，アジア諸国との強い信頼，友好関係構築を外交・安全保障の基本とする。アジアにおいて，多角的地域安全保障体制の構築をめざす。ASEAN（東南アジア諸国連合）地域フォーラムを充実・発展させ，極東有事を発生させない国際環境づくりに努める

　沖縄に過度に集中している米軍の施設・区域の整理，縮小に精力的に取り組む。在日米軍基地は，国際情勢の変化に伴い，「常時駐留なき安保」をも選択肢の1つとした平和の配当を追求する。その際，米軍の機能低下をカバーするため，憲法の範囲内で行いうる新たな役割を検討する。国連中心の普遍的安全保障体制確立を促すため，国連改革に取り組む。

安保理の民主化とNGO（非政府組織）との連携を通じた「社会経済保障理事会」の設置をめざす

　おそらく，こうした発想が，「海外への移転が望ましいが，最低でも県外移設が期待される」といった発言につながったに違いない[21]。もっとも，総理就任後，鳩山は，「常時駐留なき安保」というアイデアに関して，「かつてそういう思いを持っていた。総理という立場になった中，その考え方は今，封印しないといけない」と述べたものの，普天間問題をめぐって，鳩山政権が迷走を続けた背景には，「常時駐留なき安保」という思考様式が大きく関係していたといっても過言ではない。

　ところで，先述したように，鳩山は，日米安全保障条約の抜本的見直しを提唱していたが，集団的自衛権の問題については，どのように考えていたのであろうか。鳩山によれば，「そもそも集団的自衛権とは国際法上の権利であって義務ではない。同盟国に自動参戦義務を課すような話ではない」ということになる[22]。したがって，「一部に議論が出ているような『集団的自衛権』のなし崩し的な拡大解釈によって自衛隊を域外での作戦行動に従事させることは，冷戦時代への逆行であり，認めることはできない」というわけだ[23]。では，鳩山自身が，集団的自衛権という考え方そのものを否定していたのかといえば，けっしてそうではない。著書『新憲法改正試案』のなかにおいて，鳩山は，「集団的自衛権の制限的な行使を容認するという立場に立つ」とのスタンスを明確にしていた。だが，「集団的自衛権といっても，基地の提供，物資の輸送から戦場での共同作戦まで，さまざまなレベルの協力方法がある。アメリカと同盟関係にある国家は，世界に40カ国以上ある。どのレベルの協力をするかは，それぞれの政府が国益に沿って判断すればいいことだし，どの国の政府もそう考えているはずだ」として，集団的自衛権の形態に関して，こだわりをもっていたようにみてとれる[24]。

第Ⅰ部　民主党政権下の日米関係

3. 鳩山首相は，どこで間違えたのか？

　こうした日米関係像を有する鳩山であるからこそ，普天間飛行場の移設問題に固執したといえなくもない。だが，結局は，表1にあるように，「『できる限り県外』という言葉を守れなかったことを，心からおわびしたい」（5月23日），あるいは，「海兵隊全体を本土に移す選択肢は現実にはありえなかった。沖縄を傷つけたことにおわび申し上げます」（5月28日）と陳謝せざるを得ない状況に追い込まれ，6月2日の民主党両院議員総会の場で，辞意を表明するにいたったのである[25]。そうしたなかで，日米の「両政府は，オーバーランを含み，護岸を除いて1,800 mの長さの滑走路を持つ代替の施設をキャンプ・シュワブ辺野古崎地区及びこれに隣接する水域に設置する意図を確認した」とする，「共同発表―日米安全保障協議委員会―」を行った（5月28日）[26]。

　もちろん，鳩山は，総理就任後，「海外への移転が望ましいが，最低でも県外移設が期待される」との発言にそった方向性を模索したことは間違いなかろう。だが，鳩山政権は，最終的に，名護市辺野古への移設を盛り込んだ「共同発表」を行わざるを得なかった。こうした事実は，米国側との交渉の過程で，鳩山が，バラク・オバマ政権のスタンスを的確に読みとれなかったことを意味している。では，日本側は，どこで，米国側のシグナルを読み違えたのであろうか。

　ここで，表2に注目してみたい。表2のなかの2009年10月22日の岡田克也・外相の発言をみると，「（8月の）選挙で示された民意があるので，短期間に『日米合意だからやります』という結論にはならない」としていたものが，翌23日には，「県外というのは事実上考えられない状況だ」と，正反対の発言内容となってしまっている。22日に，地元の民意を軽視した方策はとらないと力説していた岡田であったが，その翌日になると，真逆の発言をしていたのだ。ということは，この2つのコメントの間に，何らかの要因が作用し，岡

34

田の心理状態が変化したとみるのが当然であろう。では，岡田の認識に大きなインパクトを与えたものは，いったい何であったのか。いうまでもなく，そこには，さまざまな要因が交錯しており，1つだけを理由として提示することは，きわめて困難である。だが，その前後の状況から推測すると，20日に行われた，岡田とロバート・ゲーツ国防長官の会談が，大きな意味を有していたように思われる。この会談の席上，ゲーツからは，「普天間飛行場の移設につき検証を実施しているのは承知している，普天間代替施設の現行案は日米両国で長い時間をかけて様々なオプションを検討した結果作成されたもので，現行案が唯一実現可能である」との見解が出されたという。さらに，同長官は，「日米合意に従って米軍再編を着実に実施することが必要であり，またできる限り早期に結論を出してほしい」とも迫ったそうだ[27]。これに対して，岡田は，「(イ) 普天間飛行場の移設について現行案に至った経緯を検証中である，(ロ) 現行案に係る日米間の合意の存在は十分に認識している，(ハ) 同時に日本国内の政治状況は変化している，たとえば先の総選挙で沖縄の4つの小選挙区すべてで現行案に批判的な議員が当選したなどと説明した上で，現行案に係る検証結果を踏まえ，できるだけ早期に結論を得たいが，困難な政治状況は理解してほしい旨述べた」のであった[28]。

　ゲーツの訪問は，鳩山内閣発足後，オバマ政権の閣僚としては，初めてのものであった。したがって，日本側でも，この訪問を契機に，普天間問題を前進させようとの思いがあったとみてよかろう。そのためであろうか，同長官の来日に先立って，国防総省の高官が行った発言—「代替施設を沖合に50メートル程度移動する微修正に応じる」—に対する過度の期待が生じてしまったともいえる。つまり，こうした国防総省高官の発言がある以上，交渉次第では，米国側からさらなる譲歩を引き出せるとの読みが，日本側，とりわけ鳩山自身に存在したということである。だが，この高官の発言は，実は，「県外移設などの大幅な見直しは一切認められない，という姿勢を米側がより明確にしたもの」にほかならなかったという点に留意する必要があろう[29]。なぜなら，米国側からは，これと同時に，「再編計画は15年以上にわたって議

第Ⅰ部　民主党政権下の日米関係

表2　普天間飛行場の移設問題に関する閣僚のおもな発言

2009年		
7月19日	鳩山由紀夫首相（当時は民主党代表）	「日米の政府がまとめたものは何も変えてはならないと県民に押しつけられるとしたら，違うのではないか。県外移設に皆様が気持ちを1つにするなら，その方向へ積極的に行動を起こさねばならない」
9月17日	北沢俊美防衛相	「沖縄県民の『できれば県外へ，もっと言えば国外へ』という希望は十分理解できるが，限られた日数で解決することは難しい道のりだ」
10月7日	鳩山首相	「(在日米軍再編を見直すとするマニフェストについて）時間というファクターによって変化する可能性を私は否定はしない」「日米合意の前提がある。その前提のもとで，沖縄の県民の皆さんにも理解をし得るような形がつくれるかどうかが，一番大きな問題だ」
10月16日	鳩山首相	「日本には日本の事情がある。また，新政権ができたばかりだ。(10年1月に）名護市で市長選がある。(同年末の）沖縄の知事選までとなると，かなり時間がかかることになるから，その中間くらいで結論が必要になってくる」
10月22日	岡田克也外相	「(8月の）選挙で示された民意があるので，短期間に『日米合意だからやります』という結論にはならない」
10月23日	岡田外相	「県外というのは事実上考えられない状況だ」
11月24日	鳩山首相	「(結論を出す時期について）年内にしなければならないという言い方は一切，私からは申し上げていない」
12月1日	平野博文官房長官	「3党合意の中には，普天間問題は特に入っていない。基地問題は入っているが」
12月3日	福島瑞穂少子化担当相	「辺野古の沿岸部に海上基地をつくる決定を内閣が行ったら，社民党としても私としても，重大な決意をせねばならない」

12月3日	鳩山首相	「(年内決着は) 元々，楽ではない話だ」と，越年を示唆
12月3日	平野官房長官	「3党合意を踏まえた結論を出すのに時間というものは必要であれば，かけなければならない」
12月4日	鳩山首相	「あらゆるものを検討しなさいと申し上げている。当然のことながら辺野古（移設案）は生きている」
12月5日	岡田外相	「普天間飛行場の危険がなくならないという最も懸念するような事態になりかねない」「(現行計画は) 日米間で煮詰まっていた話。元に戻って議論とはならない」
12月9日	平野官房長官	「基地から地域住民の人の距離を離すとか，いろんな方法がある」
12月9日	北沢防衛相	グアムに移設案について「(現行の) 日米合意からは大きく外れる話だ」「沖縄へ置いておく海兵隊の兵力というのは，戦術上必要ということで置いてある」
12月15日	鳩山首相	「日米合意の重さは理解している。したがって，(移設関連) 予算や（辺野古の）環境アセスを動かしていく必要がある。一方で，沖縄の皆さんの思いを理解させて頂く中で，辺野古ではない地域を模索する」
12月16日	鳩山首相	「常時駐留なき安保」について，「かつてそういう思いを持っていた。総理という立場になった中，その考え方は今，封印しないといけない」
12月18日	岡田外相	「海兵隊は日本にとって必要な存在。海兵隊の抑止力に期待するなら，日本の外に出てくれということは，あまり通用しない」
12月26日	鳩山首相	「抑止力の観点からしてみて，グアムに普天間（の基地機能）をすべて移設させるということは無理があるんじゃないか」
12月28日	鳩山首相	「与党合意をするときには，当然，日米で議論していかなければならない。私は米国の意向を無視した与党の合意などはあり得ないと理解している」

第Ⅰ部　民主党政権下の日米関係

12月28日	平野官房長官	「グアムを排除するつもりはない」
12月29日	小沢一郎民主党幹事長	「きれいな海を埋め立ててはだめだ」
2010年		
1月25日	平野官房長官	名護市長選で移設受け入れ反対派の稲嶺進氏が当選したことについて「1つの民意としてあるのだろうが，そのことも斟酌（しんしゃく）してやらなければいけないという理由はない」
1月26日	平野官房長官	「新しい市長が生まれ，その発言は1つの大きな民意ではあるが，国の安全保障の一環である基地問題を含めて（移設反対の市長の誕生を）民意として受け取るのかというと，そうではない」
1月27日	小沢幹事長	「名護の民意，それから沖縄県民の皆さんの気持ちはしっかりわかっている。私は私の立場でしっかり対応したい」
1月28日	鳩山首相	「ゼロベースで何としても見つけなきゃならんと言っている。移設先が（普天間に）戻ることは，基本的には選択肢ではない」
2月1日	岡田外相	移設先を鳩山内閣が「ゼロベース」で検討していることから「他になければ，普天間が今のままということもあり得る」
2月17日	亀井静香金融相	「国民新党が出した（キャンプ・シュワブ陸上部への移設）案は非常に現実的な案。もっといい案があるなら持ってきてくださいということ」
2月20日	平野官房長官	「常にベストを求めていくが，やはり（移設先はベストではなく）ベターになるかもしれない」「これは政治だ。そういうことも理解を得たうえで判断いただかないといけない」

出所：『週刊朝日』2010年3月26日号，20〜21頁。

論されてきた。非常に複雑な合意であり，小さな修正を始めれば，それは一連の他の決定にもかかわる」とのメッセージも送られており，「米側には，

在日米軍再編の柱である普天間飛行場の移設計画を大幅に見直すようなことがあれば，海兵隊8千人のグアム移転などを含む再編計画全体がばらばらになる」との認識があったからだ[30]。それゆえ，状況を冷静に判断すると，上記の「代替施設を沖合に50メートル程度移動する微修正に応じる」との国防総省高官の発言が，「県外移設などの大幅な見直しは一切認められない，という姿勢を米側がより明確にしたもの」であることは，明白である。にもかかわらず，鳩山は，大きな読み違いをしてしまったのだ。

　ところで，ゲーツは，21日には，北沢俊美・防衛相とも会談を行っている。ここでも，ゲーツは，「普天間代替施設なしでは，グアムへの移転はありません。グアムへの移転なしでは，沖縄において，基地の統合と土地の返還もありません。これは，誰にとっても完璧ではないと思うのですけれども，今の案は，全員にとって一番良い案になっていると思います。本当に前に進めていく時期が来ていると思います。この合意は大変複雑で長年かけて交渉されたものです。それぞれの部分の相互関係は深く，1つだけの部分を取り出すということは，非常に複雑で非生産的であります」「1つだけ注意事項があるとすれば，実施プロセスを遅延させないことだけです」と力説し，名護市辺野古への移設を強く迫った[31]。これに対して，北沢は，「ゲイツ長官からは日米合意について非常に強いメッセージを受け止めました。ただ，私の立場から，政権交代と沖縄政治の変化については十分お話しをしました」としつつも，同時に，「日米両国にとって，余り時間をかけることは建設的ではないという認識を私が持っております」と述べたのであった[32]。

　要するに，20・21の両日にわたり，ゲーツが，岡田，北沢と会談を行ったことで，名護市辺野古への移設案を白紙にもどすとの日本側の思惑が実現困難であると判明したのだ[33]。そのため，岡田も，21日の講演で，「この問題を長引かせてよいとは思っていない。普天間基地の危険な状況を一刻も早く除去するためには計画は前に進めなければならない」と論じ[34]，「日米両国にとって，余り時間をかけることは建設的ではないという認識を私が持っております」と語った北沢と足なみをそろえたのであった。

第Ⅰ部　民主党政権下の日米関係

このように，岡田，北沢両大臣に加え，会談に同席した外務省および防衛省の官僚も，こうした認識を共有していたとみてよかろう。

では，ここで，どうして，22日の時点では，岡田が，「(8月の) 選挙で示された民意があるので，短期間に『日米合意だからやります』という結論にはならない」と発言したのかという疑問が生じる。そのこたえをみ出すためには，岡田がこのコメントを行ったとき，同時に，「鳩山由紀夫首相が来年1月の名護市長選の結果を考慮する必要があるとしていることについて，『そういう形で時間をかけていくと，今度は知事選があるからそれを見極めると (なる)。そういう形にはすべきではない』と述べ，選挙日程にこだわるべきではないとの考え」も示した点に着目する必要があろう[35]。ということは，岡田の発言のウエイトは，後者にあったのであり，前者のように，民意を軽視すべきではないとした背景には，海外・県外移設にこだわる鳩山と連立政権のパートナーである社民党との意見調整ができておらず，若干の配慮を示したとみてよかろう。とはいえ，ゲーツの厳しい姿勢を目のあたりにした，岡田，北沢の両大臣は，鳩山に対して，米国側のスタンスを伝えるため，22日の午後および23日の朝に，官邸を訪れた[36]。おそらく，そこで，両大臣は，米国側から大幅な譲歩を引き出すことが不可能であることを強く訴えたはずだ[37]。

次に，岡田，北沢両大臣と同様に，ゲーツと会談をしていたにもかかわらず，どうして，鳩山だけが，米国側の厳しいスタンスを実感できなかったのかという疑問が残る。なぜなら，鳩山自身，21日には，ゲーツと会談を行い，「日米合意の早期履行と，11月の大統領訪日までの決着という強いメッセージを受けて」いたからだ[38]。この問いにこたえるためには，おそらく，記者団に対する22日夜の鳩山の発言—「オバマ米大統領にとってはアフガン，パキスタンの支援の問題の方が，ある意味で (普天間移設問題よりも) はるかに大きなテーマ」—に注目しなければならない。要するに，鳩山は，「アフガンで貢献することによって普天間問題で米側の理解が得られるとの認識」をもち続けていたのだ[39]。しかし，この点に関しては，21日の北沢・ゲーツ

40

会談において，「ゲーツ氏は，普天間飛行場の移設問題とアフガン支援策は別問題だと会談で明言し，アフガン支援策と関係なく，現行計画通り移設を進めるよう迫った」事実が，防衛省幹部によって，明らかにされている[40]。だからこそ，こうした情報を得ていたメディアは，24日の朝刊で，「普天間移設，公約大揺れ　辺野古案強まる」との見出しを掲げたのだ[41]。要するに，ひとり鳩山だけが，オバマとの日米首脳会談の場で，普天間移設問題をめぐる膠着した現状を打開できると考えていたということになる。このように，「首相の姿勢が揺らがないのは，ともに『チェンジ』を掲げて政権交代を果たしたオバマ大統領なら，政策転換を図る日本の事情も分かってくれるとの期待」を抱いていたからであろう[42]。だが，こうした見方こそが，米国側のシグナルを読み違える最大の要因となったのだ。

　さて，11月13日のオバマとの会談後の共同記者会見において，鳩山は，「普天間移設問題に関しては，自分より，ハイレベルのワーキング・グループを設置して，できるだけ早い時期に解決をすることを申し上げ，その中での自分の決意を申し上げた」と述べ，他方のオバマも，「日米両国は在沖米軍の再編に関する二国政府間合意の実施に焦点をあてるハイレベルのワーキング・グループを設置した。我々は，本件作業が迅速に（expeditiously）完了することを期待している」と応じた[43]。だが，ここでも，鳩山の読み違えが生じたようだ。オバマの発言は，ワーキング・グループ（作業部会）の役割が，「日米合意を履行することに焦点を絞る」という意味であったにもかかわらず，他方の鳩山は，翌14日，「日米合意が前提だとオバマ大統領は思いたいのだろうが，日米合意が前提なら作業部会をつくる必要がない」のであり，「日米合意が前提ではない」との認識を披露したのであった。このように，「首脳会談で，鳩山がオバマと意思の疎通が図れなかったのは明白」であり，「鳩山がめざす着地点はいっこうに見えてこない」ありさまであった[44]。

　考えてみれば，先のゲーツの訪日には，11月13〜14日にかけてのオバマの来日のための"地ならし"的な意味合いもあった。それは，「来月，オバマ大統領の訪問の時に多くの同じのような問題は議論される」とのゲーツの発

第Ⅰ部　民主党政権下の日米関係

表3　普天間飛行場移設問題をめぐるおもな動き

1995年 9月	沖縄で米兵による少女暴行事件
1996年 4月	普天間飛行場の全面返還で日米両政府が合意
12月	普天間の移設候補地として沖縄本島の東海岸沖と日米両政府が発表
1998年 2月	大田昌秀・沖縄県知事が県内移設を拒否
1999年11月	稲嶺惠一知事が軍民共用化し名護市辺野古沿岸域に移設と表明
2001年 9月	米同時多発テロが発生
2003年11月	ラムズフェルド米国防長官が普天間飛行場を視察し危険性を指摘
2005年10月	米軍再編で代替施設の移転先をキャンプ・シュワブ沿岸部に変更
2006年 4月	日米両政府が海兵隊のグアム移転費をめぐり日本側の59％負担で合意
5月	米軍再編のロードマップで代替施設の移転やグアムへの海兵隊移転を2014年までと決める
2008年 3月	防衛省が移設先の環境影響調査に着手
2009年 2月	日米外相が海兵隊のグアム移転協定に署名
9月	鳩山民主党政権が発足
10月	ゲーツ国防長官が来日
11月	オバマ米大統領が来日

出所：『アエラ』2009年11月16日号，71頁。

言からも読みとれる[45]。ということは，普天間移設問題をめぐって，「ゲーツ氏は，鳩山政権が結論を出す時期は具体的に示さなかった」ものの，遅くとも，「11月12日のオバマ大統領来日までと，暗に求めた」のであった[46]。にもかかわらず，これまでみてきたように，鳩山は，米国側のシグナルを的確に読みとれなかったのだ。

　それでは，鳩山自身は，どの時点で，海外・県外移設を断念していたのであろうか。2010年5月8日，鳩山と懇談した，ジャーナリストの田原総一朗

42

によると，鳩山は，2010年の「年明けには『移設先は沖縄にせざるをえない』と考えたという」[47]。また，安全保障面での鳩山のアドバイザー的役割を果たしていた，前出の小川によれば，2009年11月16日に，鳩山と会った時点で，「総理は，普天間の本格的な移設先を沖縄県内にドンと置くステップを踏まないと前に進まないということを，ちゃんと認識していました」と語っている[48]。田原と小川の認識には若干のズレがあるものの，5月28日の「共同発表」よりもはるか以前の段階で，鳩山が，海外・県外移設を断念していたことだけは明白である[49]。こうした事実を考え合わせると，鳩山の無責任な発言が，その後も，半年あまりにわたって，続けられていたということになる。

4. 結び

　以上，鳩山の考えた日米関係像を紹介したうえで，普天間飛行場移設問題をめぐって，どこで，鳩山が，判断ミスをおかしたのかを考察してきた。識者の分析を踏まえると，2009年11月中旬から翌2010年初頭までには，鳩山が，海外・県外移設を断念していたことは確実なようである。にもかかわらず，その後も，海外・県外移設に含みをもたせるような発言を繰り返し，沖縄県民の心を愚弄したのであった。

　鳩山は，かつて，著書のなかで，「選挙で選ばれる政治家の資質が低下し，選挙目当てとしか思えないような行動をしてきた結果，政治家は自らを恥ずかしい位置に陥れてしまったのではないでしょうか」と述べていたが，このことばをそのまま鳩山自身に送りたい[50]。加えて，鳩山は，「存在するだけで信頼をもって迎えられるような政治家にはなりたいと思っています。黙っていても，この人についていきたいと思わせるような，いわゆる精神的な重さをその人物に感じるような，そんな政治家というものになれたらいいな，というふうには思っています」とも論じていたが[51]，普天間移設問題をめぐる政治的混乱をまねいた政治屋には，有権者からの信頼が寄せられることはない。そのことは，鳩山退陣へといたる政治過程をみれば，一目瞭然であろう。

第Ⅰ部　民主党政権下の日米関係

〔注〕

1）『第173回国会　衆議院会議録　第1号（1）』2009年10月26日，6頁。

2）『週刊朝日』2010年6月11日号，27頁。しかも，普天間飛行場移設問題に関して，鳩山は，5月26日の記者会見の席上，「『当然，望むは国外であると書き入れるのではないか』とマニフェスト盛り込みを示唆」する発言も行っていたという（産経新聞政治部『民主党解剖』〔産経新聞出版，2009年〕，158頁）。

3）http://www.hatoyama.gr.jp/book/index.html（2011年1月15日）および鳩山由紀夫『「成長の限界」に学ぶ』（小学館，2000年），4頁。

4）鳩山由紀夫「アジア外交の基本は『自立』と『共生』」鳩山由紀夫・菅直人『民益論―われら官僚主導を排す―』（PHP研究所，1997年），112頁。

5）鳩山由紀夫『新憲法改正試案―尊厳ある日本を創る―』（PHP研究所，2005年），251頁。

6）同上，76頁。

7）同上。

8）鳩山，前掲論文「アジア外交の基本は『自立』と『共生』」鳩山・菅，前掲書『民益論』，112頁。

9）このときの所信表明演説において，鳩山は，「貿易や経済連携，経済協力や環境などの分野に加えて，以上申し述べましたとおり，人間のための経済の一環として，命と文化の領域で協力を充実させ，他の地域に開かれた透明性の高い協力体としての東アジア共同体構想を推進してまいりたいと考えています」と述べている（『第173回国会　衆議院会議録　第1号（1）』2009年10月26日，6頁）。

10）鳩山，前掲書『新憲法改正試案』，18頁。

11）鳩山由紀夫「精神的な価値を重視する社会を目指す」鳩山・菅，前掲書『民益論』，94頁。

12）鳩山，前掲書『新憲法改正試案』，251頁。

13）鳩山由紀夫「私たちは万年野党になるつもりはない」鳩山・菅，前掲書『民益論』，147頁。なお，引用箇所にでてくる「特措法とは，日本国とアメリカ合衆国との間の相互協力及び安全保障条約第6条に基づく施設及び区域並びに日本国における合衆国軍隊の地位に関する協定の実施に伴う土地等の使用に関する特別措置法（駐留軍用地特別措置法）の略称」のことで，「この法律にもとづいて，82年，87年，92年と土地の使用期限が切れるたびに適用され，97年は4回目の適用の時期を迎えた」のであった（浅井基文『ここが問題　新ガイドラインQ&A』〔青木書店，1997年〕，140～141頁）。

14）『朝日新聞』1999年12月3日，7面。

15）『毎日新聞』1999年11月29日，11面。

16）小川和久「沖縄米軍基地問題解決へのシナリオ―日本側が備えるべきカード―」『Human Security』創刊号，77～78頁（http://www.tokai.ac.jp/SPIRIT/archives/human/

44

pdf/hs01/01_03.pdf〔2011年1月15日〕)。

17) 鳩山由紀夫「民主党―私の政権構想―」『文藝春秋』1996年11月号，127頁。

18) 同上。

19) 同上，125〜126頁。

20) 『朝日新聞』1996年9月12日，7面。なお，現在の民主党の「基本政策」は，1998年4月27日に決められたものであり，安全保障体制については，「日米安全保障条約を引き続きわが国の安全保障政策の基軸に据える。アセアン地域フォーラム（ARF）を積極的に充実・発展させ，アジア太平洋多国間安全保障の確立に努力する。基地問題を現状固定的に捉えるのではなく，将来は状況に応じて変化しうる要素があることに着目し，日米両国が，米軍基地のあり方等を協議・模索していく。なお，沖縄米軍基地の整理・縮小・移転について引き続き努力する」と明記されているだけで，「常時駐留なき安保」という文言はみられない（http://www.dpj.or.jp/policy/rinen_seisaku/seisaku.html〔2011年1月15日〕)。

21) 『朝日新聞』2009年12月17日，4面。

22) 鳩山，前掲書『新憲法改正試案』，81頁。

23) 鳩山，前掲論文「民主党」『文藝春秋』1996年11月号，127頁。

24) 鳩山，前掲書『新憲法改正試案』，80〜82頁。

25) 辞意表明後の鳩山の発言のブレについては，浅野一弘「鳩山由紀夫さんへの一通の手紙―『恥』という字をご存知ですか？―」『札幌大学総合研究』第2号を参照されたい。

26) http://www.mofa.go.jp/mofaj/area/usa/hosho/joint_1005.html（2011年1月15日）。

27) http://www.mofa.go.jp/mofaj/area/usa/visit/gates_0910/gk_gai.html（2011年1月15日）。

28) 同上。

29) 朝日新聞政権取材センター編『民主党政権100日の真相』（朝日新聞出版，2010年），111頁。

30) 『朝日新聞』2009年10月21日，4面。

31) 「日米防衛相共同記者会見概要」，4頁（http://www.mod.go.jp/j/press/kisha/2009/10/21.pdf〔2011年1月15日〕)。

32) 同上，3〜4頁。

33) 22日の報道に目をやると，そこには，「普天間，米ゼロ回答　ゲーツ長官，代替案や先延ばし『ノー』鳩山政権,沖縄と板挟み」との見出しが躍ったほどである（『朝日新聞』2009年10月22日，3面）。

34) 『朝日新聞』2009年10月22日，3面。

35) 同上，2009年10月22日（夕），12面。

36) 同上，2009年10月23日，4面および2009年10月24日，1面。

第Ⅰ部　民主党政権下の日米関係

37) こうした推測を裏付けるものとして,「ゲーツ長官と個別に会談した岡田外相や北沢俊美防衛相は,米側のただならぬメッセージを受け止めていた」「両大臣は,22,23両日,首相と会談した。早期決着を促したとみられる」との報道もある(同上,2009年10月24日,2面)。ちなみに,ジャーナリストの田原総一朗は,「11月の時点で,すでに岡田克也外相や北沢俊美防衛相は,普天間基地の移設先は辺野古しかないと結論的に考えていた。私はそのことを取材によって確かめている」と語っている(『週刊朝日』2010年5月21日号,36頁)。

38) 『朝日新聞』2009年10月24日,2面。

39) 同上,2009年10月23日,4面。もっとも,その鳩山でさえ,22日の夜には,「移設問題の決着には『それなりの時間が必要だということも理解してもらいたい』とも述べ,改めて来年1月の名護市長選以降に結論を出せばよいとの考え」を表明していたものの(同上),翌23日には,「名護市長選の後じゃなきゃいけない,とは言っていない」と,発言に変化がみられる(同上,2009年10月24日,2面)。これは,岡田,北沢両大臣との会談や官僚側からの情報の結果といってよかろう。

40) 同上,2009年10月23日,4面。

41) 同上,2009年10月24日,2面。

42) 同上,2009年10月22日,3面。

43) http://www.kantei.go.jp/jp/hatoyama/statement/200911/13 usa_kaiken. html (2011年1月15日)。

44) 朝日新聞政権取材センター編,前掲書『民主党政権100日の真相』,157頁および167頁。

45) 前掲「日米防衛相共同記者会見概要」,2頁。

46) 『朝日新聞』2009年10月22日,3面。なお,オバマの当初の来日予定は,12日であったが,テキサス州のフォートフッド陸軍基地で発生した,銃の乱射事件の犠牲者を追悼する式典に出席したため,来日の日程が13日に変更された。

47) 『週刊朝日』2010年6月11日号,26頁。また,田原は,2010年末,「首相が信頼している外交専門家にアメリカの真意を確かめさせた。しかし,『抑止力という点で,沖縄以外は不可能』というのがアメリカの考えだった。鳩山首相が『県民には申し訳ないが,沖縄以外にはない』と覚悟したのはこのときである」とも述べている(同上,2010年5月21日号,36頁)。

48) 同上,2010年6月11日号,24頁。

49) 報道によると,普天間飛行場移設問題が,これほどまでにこじれてしまった原因は,「平野博文官房長官と佐野忠克首相秘書官(政務)のコンビに任せたこと」にあるとする指摘(同上,25頁)のほか,「各閣僚が官邸に新しいアイデアを持っていくと,首相は『いいねえ』と答える。閣僚は『首相が了解した』と解釈し,記者会見で得意げに話してしまう。それが政府案として流れ,ハレーションが起きる。普天間問題に限らず,だ」

46

との見方（『アエラ』2010年5月24日号，20頁）もあることを付言しておく。

50）鳩山由紀夫「政は自ら官に取り込まれた」鳩山・菅，前掲書『民益論』，23頁。

51）鳩山由紀夫「祖父と父から無言のうちに学んだこと」同上，191頁。

3 | 菅直人首相の考えた 日米関係

1.はじめに

　2010年7月11日，第22回参議院議員通常選挙が行われ，民主党は，選挙区で28議席，比例代表で16議席（合計：44議席）という敗北を喫した。これに対して，自民党は健闘をみせ，51人（選挙区：39人，比例代表：12人）の当選者を出すこととなった。

　翌12日未明，民主党代表の菅直人首相は，この選挙結果を「真摯に受け止め，責任ある政権運営を進めていきたい」と述べた。また，敗因に関しては，「『消費税について触れたことが唐突な感じをもって伝わった。事前の説明不足だったと思う』と自らの説明不足を認めた」[1]。

　ところで，民主党は，投票日当日，「政治とカネ，普天間基地問題，税制改革の道筋で，混乱と不信を招いたことを率直にお詫びいたします」との党声明を出していた[2]。ということは，今回の民主党の敗北は，けっして消費税だけが原因であったというわけではなく，「政治とカネ」や「普天間基地問題」も，少なからず影響を及ぼしたことは間違いなかろう。

　そこで，本稿においては，まずはじめに，菅政権時までの国政選挙において民主党が出してきた6つのマニフェスト（政権公約）のなかで，日米関係に関する記述がどのように変化してきたのかを概観する。それによって，民主党の考える日米関係像の一端が浮き彫りとなろう。さらに，菅のイメージした日米関係のあるべき姿についても，過去の国会での発言や著作などをもとに，検討してみたい。というのは，菅自身，「私は当選1回目から社会労

49

第Ⅰ部　民主党政権下の日米関係

働委員会にいましたから，被爆者援護法については年中行事のようにかかわっていました」「私は最初から社会労働委員会がいいなと思って，いろいろ根回しをして入れてもらったんです」などと述懐していることからも明らかなように[3]，その関心の力点が，医療や社会保障におかれており，外交問題ではなかったからである。

2. マニフェストのなかの日米関係

(1)マニフェスト登場の経緯

　早稲田大学マニフェスト研究所所長として活躍する北川正恭・前三重県知事によれば，「マニフェストの語源はイタリア語の『宣言』『誓約』だと言われる。実際に選挙で有権者にマニフェストを示すようになったのはイギリスで，1843年，当時の保守党党首ピールが出した『タムワース・マニフェスト』」が最初とされる[4]。

　周知のように，わが国において，マニフェストが初めて掲げられたのは，2003年春の第15回統一地方選挙の折りであった。そのマニフェストが国政選挙の場に登場したのも，地方選挙と同じ2003年のことであった。同年11月9日に行われた第43回衆議院議員総選挙は，「マニフェスト選挙」とよばれ，マニフェストということばは，この年の流行語大賞にも選ばれたほどだ。

　このように，国政レベルにおいて，マニフェストが導入され，定着することとなった背景には，いくつかの要因が考えられる。なかでも，当時の野党・民主党が，マニフェスト選挙の実現を声高に主張してきた事実は，きわめて大きい。たとえば，2003年6月11日の党首討論の席上，菅代表は，「マニフェストというのは，ただのスローガンではありません。国民とのその政党の契約だと，こういうふうに位置付けられております。私たち民主党は，次期衆議院選挙に向けてこうしたマニフェストを作るということで，今，私が指示をし，準備に入っております」（傍点，引用者）と述べたうえで，小泉純

50

一郎首相に対して，「私は，政権与党である自民党がきちっとマニフェストを出し，政権交代を求める私たち民主党が私たちのマニフェストを出し，国民がその2つを比べてどちらがいいか，本当にどちらができるか，こういう戦いになることが国民にとって最も望ましいと思いますが，小泉総理としては，自由民主党としてマニフェストを出されるおつもりがあるかどうか，お答えをいただきたいと思います」と，つめ寄っている[5]。

　菅のことばにもあるように，民主党にとって，マニフェストとは，単なる《スローガン》ではなく，《国民との契約》であるという点に，留意する必要がある。

(2) マニフェストのなかの日米関係

　菅が，「マニフェストとは，政権をとることを前提とした公約である。したがって，政権をとることを前提としない党は，政権公約としてのマニフェストを出す立場にはない」と断言していることからもわかるように[6]，民主党は，「政権獲得時に実行する国民との契約」＝「政権契約」として，これまでマニフェストを出してきたはずだ。それゆえ，菅は，「マニフェストを選挙の前に出すことで，国民が政権を選択できる判断基準」とすることができ，「民主党が勝った場合，すぐに実行に移します」とまで断言していたのである[7]。

表1　国政選挙時の民主党代表

第43回衆院選（2003年）	菅　　直人
第20回参院選（2004年）	岡田　克也
第44回衆院選（2005年）	岡田　克也
第21回参院選（2007年）	小沢　一郎
第45回衆院選（2009年）	鳩山由紀夫
第22回参院選（2010年）	菅　　直人

第Ⅰ部　民主党政権下の日米関係

そこで，菅政権時までに出された，6つの民主党のマニフェストを時系列的にみることで，同党が，日米関係をめぐって，どのような国民との契約をしてきたのかを検証してみよう（表1参照）[8]。

(a) 第43回衆議院議員総選挙（2003年11月9日）のマニフェスト[9]
【安全保障・外交】

犯罪対策の強化など「日米地位協定」の改定問題に真正面からとりくみます。

【自立的な外交と国連機能強化をすすめます】

受け身の外交姿勢を改め，日本を明確な外交意思をもつ国に変えます。

日米同盟を本当の意味で進化させるために，「協力すべきは行う，言うべきは言う」ことを対米関係の基本姿勢とし，日米関係を成熟した同盟に強化します。

【犯罪対策の強化など「日米地位協定」の改定に着手します】

わが国の外交安全保障の基軸である日米同盟を健全に運営するため，凶悪犯罪容疑者について起訴前に日本の司法当局に引渡しを認める原則や，米軍施設への日本法令の適用原則，環境保全条項などを盛り込むことをめざし，日米地位協定の改定に着手し，3年を目途に結論を出すことを目標にします。なお，協定改定の交渉中も，アジア情勢等を踏まえつつ，在日米軍基地の整理・縮小を追求します。

(b) 第20回参議院議員通常選挙（2004年7月11日）のマニフェスト[10]
【自立・対等の日米関係を構築します】

日本と米国との関係については，最後は米国に従うしかないといった依存の関係ではなく，自立・対等の成熟した同盟関係を構築します。国際協調と日米同盟が両立するよう，米国政府に対して粘り強く働きかけます。安全保

52

障だけでなく，政治・経済・文化の各方面で懐の深い日米関係をめざします。地位協定の見直しや沖縄米軍基地の縮小等についても協議を進めます。

【自立的な外交と国際協調を進めます】

受け身の外交姿勢を改め，日本を明確な外交意思をもつ国に変えます。日米同盟を本当の意味で進化させるために，「協力すべきは行う，言うべきは言う」ことを対米関係の基本姿勢とし，日米関係を成熟した同盟に強化します。

【犯罪対策の強化など「日米地位協定」の改定に着手します】

わが国の外交安全保障の基軸である日米同盟を健全に運営するため，凶悪犯罪容疑者について起訴前に日本の司法当局に引渡しを認める原則や，米軍施設への日本法令の適用原則，環境保全条項などを盛り込むことをめざし，日米地位協定の改定に着手し，3年を目途に結論を出すことを目標にします。なお，協定改定の交渉中も，アジア情勢等を踏まえつつ，日米の役割分担を見直し，米軍の在外基地の再編（トランスフォーメーション）の機会にあわせ，在沖縄海兵隊基地の国外への移転を目指します。普天間基地の返還については，代替施設なき返還をアメリカに求めます。

(c) 第44回衆議院議員総選挙（2005年9月11日）のマニフェスト[11]

【世界とともに生きる「開かれた国益」の実現】

○信頼と対等のパートナーシップに基づき，日米関係を進化させます。

日米同盟の安定化を前提に，国際公共財としての価値を高めるとともに，地位協定の改定や米軍基地の移転について問題解決をめざして取り組んでいきます。

【日米関係を進化させます】

①アジア・太平洋地域の公共財としての日米同盟の価値を高めます。

53

第Ⅰ部　民主党政権下の日米関係

　日米同盟は，アジア・太平洋地域の安定の要であり，日米両国は自由と民主主義という価値を共有しています。しかし，単に米国に追随するだけでは，真の日米同盟強化に寄与しません。日本国民やアジア・太平洋諸国の声を米国に伝え，必要な場合には米国に自制を促すことが，アジア・太平洋地域の公共財としての日米同盟の価値を高めることになります。

②日米の共同行動に関して基本方針を明確にします。

　安全保障上の諸課題について，日米同盟が「安定力」として十分に機能するよう，日本の主体性を前提にして米国との防衛協力を推進します。また，日米の共同行動に関して基本方針を明確にします。

③日米地位協定の改定に着手し，３年を目途に結論を出します。

　わが国の外交安全保障の基軸である日米同盟を健全に運営するため，日米地位協定の改定に着手し，在日米軍の凶悪犯罪容疑者について起訴前に日本の司法当局に引渡しを認める原則や，米軍施設への日本の法令の原則適用，環境保全条項などを盛り込むことについて，３年を目途に結論を出すことを目標にします。

④アジア情勢などを踏まえつつ，日米の役割を見直します。

　米軍の変革・再編（トランスフォーメーション）の機会をとらえ，在沖縄海兵隊基地の県外への機能分散をまず模索し，戦略環境の変化を踏まえつつ，国外への移転をめざします。普天間基地については，早期返還をアメリカに求めます。

(d)第21回参議院議員通常選挙（2007年7月29日）のマニフェスト[12]

【主体的な外交を確立する】

○わが国外交の基盤として，相互信頼に基づいた，強固で対等な日米関係を構築します。

【国民不在の在日米軍再編】

　在日米軍再編は，国民に大きな負担を強いることから，国民の理解と基地

負担を抱える地元の理解が必須です。国会や地元自治体，住民からの強い説明要求を無視し，日米政府間合意を優先させた自公政権の手法は，日米同盟の最大の基盤である国民の信頼を損なうものです。

民主党は，在日米軍再編の経費総額，再編交付金の交付に際し自治体の受け入れ表明を条件とすることの問題，在沖米海兵隊のグアム移転経費を日本国民の税金で負担すること等について，問題点を解消するよう求めてきましたが，政府は誠意ある回答を全く示そうとしません。国会の関与なくして，米国の言いなりに資金を提供することにならないよう，徹底的に問題点を追及します。また，納税者の視点とシビリアン・コントロールを果たしていく見地，及び基地負担軽減への配慮から，アジア太平洋地域の安全保障における米軍のあり方や在日米軍基地の位置付けについて検討します。

(e) 第45回衆議院議員総選挙（2009年 8 月30日）のマニフェスト[13]
【自立した外交で，世界に貢献】
〇主体的な外交戦略を構築し，緊密で対等な日米同盟関係をつくります。

【緊密で対等な日米関係を築く】
〇日本外交の基盤として緊密で対等な日米同盟関係をつくるため，主体的な
　外交戦略を構築した上で，米国と役割を分担しながら日本の責任を積極的
　に果たす。
〇日米地位協定の改定を提起し，米軍再編や在日米軍基地のあり方について
　も見直しの方向で臨む。

(f) 第22回参議院議員通常選挙（2010年 7 月11日）のマニフェスト[14]
【外交・安全保障】
〇総合安全保障，経済，文化などの分野における関係を強化することで，日
　米同盟を深化させます。
〇普天間基地移設問題に関しては，日米合意に基づいて，沖縄の負担軽減に

第Ⅰ部　民主党政権下の日米関係

全力を尽くします。

○緊密で対等な日米関係を構築するため，日米地位協定の改定を提起します。

(3)マニフェストの変容

　以上，6回の国政選挙の折りに，提示されてきた民主党のマニフェストを概観してきた。ここで，まず，留意しておきたいのは，「自立・対等の成熟した同盟関係」（2004年）から，「信頼と対等のパートナーシップ」（2005年），「相互信頼に基づいた，強固で対等な日米関係」（2007年），「緊密で対等な日米同盟関係」（2009年），「緊密で対等な日米関係」（2010年）と若干の文言の変化がみられるものの，2003年のマニフェストでは記されていなかった「対等」ということばが，2004年以降のマニフェストには盛られているという事実だ。

　なお，この点に関連して，防衛政務官の任にあった長島昭久・衆議院議員は，「民主党がマニフェストに掲げた『緊密で対等な日米同盟を築く』というスローガンが反響を呼びましたね。『対等な日米同盟』というのは理想です。しかし，その前に『緊密な関係』の構築が来る。ここの順番は非常に重要なのです」と述べ，民主党のマニフェストが米国側の「不安感，不信感を増幅させてしまった」と論じているのは，興味深い[15]。

　また，2003年から2005年までのマニフェストには，「わが国の外交安全保障の基軸である日米同盟」という文言が明記されていたが，2007年のマニフェストでは，「わが国外交の基盤として，相互信頼に基づいた，強固で対等な日米関係」，2009年のマニフェストでは，「日本外交の基盤として緊密で対等な日米同盟関係」と，表現が変容してきている。そして，2010年のマニフェストにおいては，日米同盟（関係）が，日本外交の基軸（盤）であるといった内容は，いっさい記されていない。

　さらに，政権交代後，初の所信表明演説において，鳩山由紀夫首相は，「日米同盟を深化させてまいります」と述べていたが[16]，「深化」ということばは，鳩山退陣後の2010年のマニフェストにしか記載されていない。また，2003年

56

から2005年のマニフェストでは，「深化」ではなく，「進化」が用いられている。

さて，懸案の在日米軍基地に関してであるが，「在日米軍基地の整理・縮小を追求します」（2003年），「沖縄米軍基地の縮小等についても協議を進めます」「在沖縄海兵隊基地の国外への移転を目指します」（2004年），「米軍基地の移転について問題解決をめざして取り組んでいきます」「在沖縄海兵隊基地の県外への機能分散をまず模索し，戦略環境の変化を踏まえつつ，国外への移転をめざします」（2005年），「基地負担軽減への配慮から，アジア太平洋地域の安全保障における米軍のあり方や在日米軍基地の位置付けについて検討します」（2007年），「米軍再編や在日米軍基地のあり方についても見直しの方向で臨む」（2009年）と記されてきた。

だが，実際に，マニフェストのなかで，「普天間」の文字が明記されたのは，2004年の「普天間基地の返還については，代替施設なき返還をアメリカに求めます」，2005年の「普天間基地については，早期返還をアメリカに求めます」，2010年の「普天間基地移設問題に関しては，日米合意に基づいて，沖縄の負担軽減に全力を尽くします」の3回だけしかなく，その論調も，次第にトーンダウンしてきているのがわかる。

なお，「地位協定の改定」ということばは，2007年のマニフェストをのぞき，一貫して，盛り込まれている。

ここで，2010年のマニフェストに注目すると，そこには，「民主党政権がこれまで取り組んできたことを報告します」という項目があり，「2009年衆議院選挙マニフェストの進捗状況」についての自己点検がなされている。そのなかにある【日米同盟の深化】に関しては，「日米安保50周年を迎えた2010年に，日米関係を21世紀に相応しい形で一層深化するための協議プロセスを開始しました」と記されているだけでしかない[17]。民主党によれば，このことが，2009年9月16日の政権交代以降，【実現したこと】の一例であるようだ。だが，同じマニフェストのなかにある【まだ，実現できていないこと】のなかには，日米関係に関する記述はいっさいみられない。しかも，そ

第Ⅰ部　民主党政権下の日米関係

の理由についても，何ら明記されていないのだ[18]。

　周知のように，「沖縄県の米軍普天間飛行場移設問題をめぐる鳩山由紀夫首相の言動は，政権への不信，民主党離れを加速させた」ことは明らかであり[19]，このことが，第22回参議院選挙の敗北の一因ともなった。にもかかわらず，2010年のマニフェストをみるかぎり，民主党内において，鳩山政権下での普天間移設をめぐる混乱についての総括が適切になされたとはとうてい思えない。こうした認識のあまさを解消できるかどうかが，菅に問われていたものの，そうした動きはみられなかった。

3. 菅首相の考えた日米関係

(1)国会での発言のなかの日米関係

　菅は，総理就任後初の所信表明演説において，次のように述べている[20]。

　　我が国は，太平洋に面する海洋国家であると同時に，アジアの国でもあります。この二面性を踏まえた上で，我が国の外交を展開します。

　　具体的には，日米同盟を外交の基軸とし，同時にアジア諸国との連携を強化します。

　　日米同盟は，日本の防衛のみならず，アジア太平洋の安定と繁栄を支える国際的な共有財産だと考えます。今後も同盟関係を着実に深化させます。

　ところで，本稿の冒頭でも指摘したように，菅の考えた日米関係像については，あまり知られていない。というのも，菅の関心は，医療や社会保障にあったからである。現に，国会での初質問においても，菅は，「きょうは私にとっては，この国会においての初めての質問の場を与えていただきまして，特に私は議員になる前にも医療問題ですとか食品公害の問題ですとか，ごみ，

58

リサイクルといった問題で市民運動のようなものを続けてきたものですから，そういう点では社会労働委員会に籍をいただいて，こういう形で質問ができることを大変喜んでおります」との思いを述べていたほどだ[21]。それゆえ，橋本龍太郎内閣時に，菅が厚相をつとめ，薬害エイズ問題で名をはせたのは周知のとおりである。

ちなみに，国立国会図書館が提供する「国会会議録検索システム」を用いて，初当選以来，自身が総理大臣に選出された第174回通常国会の会期最終日（2010年6月16日）までの菅の発言数をみてみると，その件数は，454件に達した。しかし，「日米」という語句を含む数となると，その件数は，57件（12.56％）にまで減少する。そこで，数は少ないものの，国会での日米関係に関する菅の発言を手がかりとして，菅の対米観の一端を探ってみたい。

さて，史上初の衆参ダブル選挙となった1980年6月22日の第36回衆議院選挙以来，これまで10回の当選を果たしてきた菅が，初めて日米関係について問うたのは，1982年2月24日の「沖縄及び北方問題に関する特別委員会」の場であった。菅は，「日米両政府の間で返還の合意のあった米軍提供施設，区域の早期返還を促進するとともに，跡地の利用促進のための特別措置を講ずることというふうな，要望案の中にそれが入っているわけですけれども，現在，日本国内で米軍に提供している土地の53％が沖縄に集中をしているということですけれども，この返還の進展状況というものがどのような状況にあるのか，お聞きしたいと思います」と，沖縄の基地問題を取りあげている[22]。

しかしながら，メディアの多大な関心を集める本会議，予算委員会，国家基本政策委員会合同審査会（党首討論）の場において，菅は，日米関係に関する質疑をあまりしてこなかった（表2，表3参照）。

では，予算委員会の場で，菅が，初めて日米関係について質したのはいつごろのことであろうか。それは，1987年3月30日のことであり，日米経済摩擦に関する話題であった。菅は，「きょうの朝以来，特に日米摩擦の激化あるいは円高のさらなる激化ということを含めて，少なくとも内需拡大につい

第Ⅰ部　民主党政権下の日米関係

表2　政権交代以前の菅直人の国会における発言件数

	本会議		予算委員会		国家基本政策委員会 合同審査会	全発言
	衆議院	参議院	衆議院	参議院		
総　計	28件	1件	74件	10件	8件	337件
日　米	7件	0件	21件	0件	3件	46件
沖　縄	1件	0件	9件	0件	0件	21件
基　地	1件	0件	7件	0件	1件	19件
普天間	0件	0件	6件	0件	0件	6件
海兵隊	0件	0件	1件	0件	0件	2件

表3　政権交代以降の菅直人の国会における発言件数

	本会議		予算委員会		国家基本政策委員会 合同審査会	全発言
	衆議院	参議院	衆議院	参議院		
総　計	16件	12件	24件	19件	0件	117件
日　米	2件	1件	1件	2件	0件	11件
沖　縄	1件	1件	1件	0件	0件	6件
基　地	1件	1件	0件	0件	0件	3件
普天間	1件	1件	0件	0件	0件	5件
海兵隊	1件	1件	0件	0件	0件	2件

注：この数字は，第174回通常国会の会期最終日までである。

ては政府あるいは与野党ともぜひやるべきだということでは意見が一致をしていると思うわけです」と述べている[23]。また，その約1カ月後には，衆議院本会議の場で，砂田重民・予算委員長の解任決議案に対する賛成討論を行い，以下のように語っている[24]。

　　もし中曽根総理が日米摩擦問題についてレーガン大統領と話そうとするのであるとすれば，これほど不適任な総理大臣はいない。今レーガン大統領と中曽根総理が話をしたとして，一体この日米摩擦問題にどうした展開が開けるか。中曽根政権がスタートしてから5年余りであります。

つまり中曽根政権は，その政権スタートのときから日米貿易摩擦問題はあったわけであります。

　その菅が，本会議の場で，初めて沖縄の基地問題にふれたのは，1997年1月22日であった。当時の橋本首相の施政方針演説に対して，民主党を代表して，質問に立った菅は，「日米関係の当面の重要課題である沖縄米軍基地の移転問題の見通し，それに加えロシア情勢についての総理の見方をお伺いしたいと思います」と問うた[25]。この質問に，橋本は，「沖縄米軍基地についてのお尋ねでありますが，この問題は政府としての最重要課題の1つであり，普天間飛行場の返還を初め，SACO（沖縄に関する特別行動委員会）最終報告に盛り込まれた措置を着実に実施するために，地元の皆様の御理解，御協力を求めながら，あらゆる努力を行っていく所存であります」（カッコ内，引用者補足）と答弁している[26]。

　また，菅が，予算委員会で，初めて普天間問題に言及したのは，1998年4月13日のことであった。このとき，菅は，「橋本総理がこの2年3カ月間やってこられた公約すべてが失敗という結果になっております」とし，その例として，「普天間基地の返還，これは大変難しい問題だということは私も承知しておりますが，県内移転で合意が得られるという見通しが全く崩れて，これもデッドロックに乗り上げているわけであります」と指摘している[27]。この質問に対し，橋本は，「議員の御意見は承りました」と応じたに過ぎなかったが，菅は，それ以上の追及を行っていない[28]。

　次に，菅の日米安保体制に対する認識をみてみよう。2003年3月19日の当時の小泉首相との党首討論において，菅は，次のように述べている[29]。

　　私が申し上げたのは，日米関係というのは大変重要です。日米安保条約によって50年間，我が国は米国に一番安定的な，一番海外で効果のある基地を提供し続けてきているわけです。その上で，それに対しては，例えば核によるおどしには核抑止という形で日本を共同防衛するという

第Ⅰ部　民主党政権下の日米関係

責任をアメリカも負っている。日本は基地提供という責任を負っている。
現実に，イラクやアフガンに出ていった船の多くも横須賀を母港とする
船じゃないですか。そういう日米関係そのものの存在を否定してもいな
いし，その信頼関係の重要性を否定してもいません。

　さらに，集団的自衛権に関する安倍晋三首相への質問のなかで，菅は，以
下のような発言をしている[30]。

　　私は，今の日米安保条約は，ある意味では双務性を帯びた条約だと認
　識をしております。つまり，アメリカにこれだけ基地を提供している国
　はほかにはありません。アメリカの基地は，もちろん結果において日本
　の防衛にも役立っておりますけれども，しかし，ある意味でアメリカの
　世界戦略の大変重要な位置づけがあるわけでありまして，そういう点で
　は，アメリカにとって，日本の防衛を超えて大変意味のある基地であり，
　意味のある同盟だということは，これは言うまでもありません。

　こうした発言に加えて，菅は，「私は，日本外交の柱は，日米関係をしっ
かりとすること，そして，国連というものを大事にすること，そして，アジ
アの国々との連携をしっかりとしていくこと，この3本の柱から成り立って
いる」と明言しているように[31]，日米関係が日本外交の基軸の1つであるこ
とを認めている。ただ，イラクへの自衛隊派遣の問題を取りあげたときには，
「私は対米協力がいけないとは言っておりません。対米というのはアメリカ
という国との協力です。もしアメリカのある政権が間違った政策を出したと
きに，それまで盲目的に協力するのが対米協力とは思いません。日米関係と
いうものはもっと根の深いものだ。まず，このことだけは申し上げておきた
いと思います」と述べるなど[32]，盲目的な対米協力に対しては，これまで異
を唱えてきた。

62

(2)著作のなかの日米関係

(a)著書

　菅の著書も，日米関係それ自体に関するものというよりは，市民運動的な文脈のものが散見される。たとえば，菅が所属していた「参加民主主義をめざす市民の会」が編者となった『無から有への挑戦―「支持政党なし」時代の選挙―』のなかで，菅は，「参加民主主義をめざして」という章を担当している。ここでの記述から，菅の考える《市民》像が明白となってくる。すなわち，"職業からある程度独立し，個人としての自由な発想ができる人"こそが，「市民運動への参加の意志をもつ『市民』」というわけだ。換言すれば，「工場労働，事務，農業などに従事する人が，その職業，職場での利害にのみ拘束された価値基準を持つだけでなく，それぞれが労働者や農民であると同時に地域の住民として，国民の一人として，また一人の人間として，職業から独立した自由な発想を持てるということ，これが今日の人間類型としての『市民』のもつ重要な側面」ということになる[33]。

　こうした《革新》的な考えを有する菅であるが，「いわゆる市民とか，市民自治とか，市民参加という発想法というのは，前衛論とは違うのです。いま大切なのは，市民そのものが，大衆そのものがそういう自治能力をだんだん身につけてきたのだ，という認識でしょう」として，自らの考える「市民自治の概念は共産党の理論からいうと，若干矛盾する」とも述べている[34]。

　このように，菅は，かなりはやい段階から，参加民主主義＝市民自治の姿について，あちらこちらで論じてきている。これは，自らが，"地域参加型市民選挙"を実現し，初当選したとの思いからであろう[35]。それに比べ，著書のなかで，菅が外交に関する持論を展開することは皆無に等しかった。その理由としては，次のような点を指摘できよう。すなわち，「革新のかなめであった社会党の場合も，外交問題や賃上げには大きな関心を注いできたが，所得の上昇という面ではとらえきれない都市住民の生活に必要な社会的設備や食品公害などには，ほとんど目を向けようとしなかった」ため，菅と

第Ⅰ部　民主党政権下の日米関係

しては，「住宅問題や都市問題，そして食品公害に取り組んできた」という
わけだ[36]。

　そうしたなかで，冷戦期の1983年に刊行された『創発の座標―菅直人対談
集―』において，菅の外交認識が披露される。菅は，「まず日米関係が基軸で，
自由，人権，民主主義というものが1つの前提となるべきだという考え方に
ついては，私なんか，余りマルクス主義を勉強しなかったせいか，ごく自然
に，やや現状肯定型というか，そういうスタンスで学生時代を過ごしたわけ
です」と語っている[37]。だが，同時に，「中曾根さん流の戦後総括なるもの
は旧来型の保守から軍事面に過重にはみ出しつつあるんじゃないか。いわゆ
る国際貿易摩擦の問題も軍事面でカバーする。そこで軍事的リスクを負いな
がら，日米関係で小康状態を維持していくみたいな，やり方はちょっと怖い
なというのが率直なところなんですが」と，中曽根康弘首相の政治手法に注
文を付けている[38]。

　その後，10年以上，著書のなかで，日米関係に関する考え方が示されるこ
とはなかった。だが，民主党が誕生した1996年には，『日本　大転換―
二十一世紀へ希望を手渡すために―』のなかで，「もちろん21世紀も，アメ
リカとの関係が大事なことはまちがいありません」としつつも，これまでの
日本が，「たえず，アメリカというフィルターを通して世界を考え，本当の
意味での“国際性”は身につけてこなかったと言ってもいい」と論じている。
そのうえで，「アメリカを通してのみ考えるのではなく，アメリカを含む世
界の国々と，どういう関係を結んでいくか，自立した思考を持ち，あらたな
外交方針をつくる―そういう時期に日本はさしかかっていると，私は思いま
す」と述べ，従来の日本外交の方向性に不満を述べている[39]。ここで留意し
なければならないのは，同書の刊行が，1995年9月4日，沖縄県において，
米兵による少女暴行事件が起き，普天間飛行場の返還合意が橋本首相とウォ
ルター・モンデール駐日大使との間でなされた（1996年4月12日）あとのこ
とであったにもかかわらず，同書においては，こうした経緯などについては
いっさいふれられていないという点だ。

64

３　菅直人首相の考えた日米関係

　2002年９月23日の民主党代表選挙で，鳩山候補に敗北したあとに刊行され
た書籍では，「戦後，日本では形式的には国民主権を軸とする民主政治が実
現したが，実質的には戦前から存在した官僚と官僚にコントロールされた政
治家に政策判断を依存し続けた」ため，「日米安保条約をはじめ多くの外交
政策について，国民は自らが選択したという確かな感覚を今なお持ちえない
でいる。国民の理解が得にくいといった理由で重要な合意事項を『密約』と
して国民に隠してきた"つけ"が今，日本外交の弱さとして表れている」とし
て，「何よりまず過去の『密約外交』を清算する必要がある」ことを強調し
ている。そして，日米間における"密約"の清算によってのみ，「日本外交の
新時代が始まる」と断じているのだ[40]。

　こうして，自民党政権下の対米外交を批判することに加え，菅は，社会党
の"非武装・中立"という考え方にも，「現実を無視した空想的な平和論で国
民を過大な危険にさらすわけにはいかない」と述べ，疑問を投げかけている。
そのうえで，菅は，「日本への直接の武力侵略に対する防衛は，自衛隊と日
米安保による米軍支援によって対処するというのが現在の政府の方針で，私
も基本的には賛成である。しかし具体的には，米国に依存するのは核抑止と
情報提供を中心とし，通常兵力による想定しうる侵攻に対しては，自衛隊自
らの力で対処できるようにするべきだ」との見解を示している[41]。

　そして，将来的には，日本が，独自の偵察衛星を保有し，テロやゲリラに
対応できる組織改革を行うことによって，「在日米軍に頼らなくても十分対
応できる」としている。ただ，「核兵器の脅威に対しては，わが国は核兵器
を保有しないという国際公約を守る代わりに，日米安保条約に基づく米国の
核抑止力に期待するという方針を変えるべきではない」と力説している[42]。

　さらに，これまでの活動歴をふり返った著書のなかで，菅は，以下のよう
に語っている[43]。

　　日本外交には独自性というか，主体的な発想があまりにもないですね。
　ヨーロッパは60年かけてEUをつくり，通貨統合し，アメリカに対する

65

第Ⅰ部　民主党政権下の日米関係

もう1つの極としての存在を復活させるという長期戦略を具体化してきた。日本もアメリカとの関係を大事にしながら，同時にアジアというものを自分たちの長期的外交戦略の中でどう位置づけるかが重要だと思うのですが，その部分の戦略性があまりにもないと思うんですね。

アメリカとの関係はしっかり維持しながら，中長期的にはアメリカとの関係だけに依存するのではなく，もう少しマルチの関係をつくっていく方向にジワッ，ジワッと進めていくことが必要だと思っている。

(b) 論文

国立国会図書館の「雑誌記事索引検索」という検索システムを使って，「菅直人」を著者とする雑誌記事の数を調べたところ，158件のヒットが得られた（2010年7月31日現在）。しかし，論題名に「日米」という語を含むものとなると，その数は，わずか2件にまで減少する。このように，雑誌記事の件数においても，菅が日米関係について論じたものはきわめて少ない。ちなみに，158件の雑誌論文のうち，論題名に「沖縄」や「基地」を含むものは，まったくヒットしなかった。

では，ここで，検索システムでヒットした「日米」に関する2件の雑誌記事の内容を概観してみよう。まずはじめに，雑誌『論座』に掲載された久間章生・元防衛庁長官との対談を取りあげる。そのなかで，菅は，日米安全保障条約に関して，次のように述べている[44]。

戦後半世紀，日本が大きな戦火に直接さらされなかったという結果を生んだという意味では安保の「功」は確かにありました。ただ，裏返しの「罪」を忘れてはならない。戦後の日本が米国に軍事的にも外交的にも依存し続けた結果，十分な自立ができないでいる原因にもなってしまったと思うんです。

この発言からも明らかなように，菅は，「アジアの安全保障にとって，確

かに米軍の存在は必要だと思う。日米安保条約も極めて重要だと思う」と考えていることは明らかだ。しかし,「全部が必要なのか,それともたとえば第7艦隊と第5空軍の存在はわれわれも必要性を認めてサポートするけども,常時陸上兵力をたくさん日本国内に置いておく必要があるのか。特に海兵隊を沖縄にあれだけの数を置いておく必要があるのか。これはたとえばグアムなりハワイに配置して,いざというときには装備だけは前方に蓄積しておくやり方もあるじゃないか」として[45],「海兵隊が日本にいなければいけないという必然性は非常に弱くなっている」ことを指摘している[46]。

もう1つの雑誌論文「菅直人(民主党幹事長)『救国的自立外交私案』─台湾の国連加盟,国連平和協力隊,日米安保─」では,「戦後,日本では形式的には国民主権を軸とする民主政治が実現したが,実質的には戦前から存在した官僚と官僚にコントロールされた政治家に政策判断を依存し続けた。このため,日米安保条約をはじめ多くの外交政策について,国民は自らが選択したという確かな感覚を今なお持ち得ないでいる」として,自民党政権下の日米関係が,「大人同士の付き合いというより,学生と指導教官の関係のように見える。重要な判断は米国に依存し,その代わり責任は半減してもらうという関係だ」と断じている[47]。

そのうえで,菅は,「民主党中心の政権では,沖縄の基地の相当部分を占める海兵隊の沖縄からの撤退を真剣に検討するよう米国にはっきり求めていく。沖縄の海兵隊基地の大半は新兵の訓練基地として使用されており,ハワイやサイパンなどに移転してもアジアの軍事バランスには影響しないはずだ。同時に,基地利用に伴うルールを定めた地位協定を不平等条約と言われないような適切なものに改定する交渉にも速やかに着手する」と述べている[48]。

しかし,菅は,在日米軍の全面撤退を唱えているわけではなく,「米国に対する基地提供や維持経費支援は,日本の防衛のためというよりもアジア太平洋地域の安全保障に対するわが国の貢献と捉えるべきだと考えている」と論じていることは,注目に値する。要するに,菅は,「日本は自国の防衛は

第Ⅰ部　民主党政権下の日米関係

原則的に自衛隊を中心に自力で行うが，アジア太平洋地域の国際的安全保障に資する米軍の活動についても，必要な協力はする」というスタンスをとっているわけである。そして，同時に，「沖縄に集中した米軍基地の大幅削減を日米安保を空洞化させないで実現することが国民的課題だと考えている」（傍点，引用者）のだ[49]。

　菅のこうした考え方は，これまで出されてきた6つの民主党のマニフェストと同じ方向性を示しているといえよう。

4.結び

　国立国会図書館の「雑誌記事索引検索」によれば，「菅直人」を著者とする158件の雑誌記事のうち，もっとも古いものは，『朝日ジャーナル』誌の《ロッキード疑獄特集》のなかに盛られていた「否定論理からは何も生まれない―あきらめないで参加民主主義をめざす市民としての私―」と題する記事であった[50]。このサブタイトルからもわかるように，市民運動から登場した菅は，総理就任後初の所信表明演説においても，そうした色彩の発言をしている[51]。

　　　私の基本的な政治理念は，国民が政治に参加する真の民主主義の実現
　　　です。その原点は，政治学者である松下圭一先生に学んだ市民自治の思
　　　想であります。

　菅は，初出馬のとき以来，一貫して，こうしたスタンスをとっており，30年ほどまえに刊行された著書のなかでも，「市民政治の理念」として，「市民―地域―自治主義，国民―参加民主主義，人類―世界―平和主義とエコロジー，そして経済における生活者主義の追求と表現することができる」と論じている[52]。菅にとって，「市民は，"個の確立"といった性格から，また労働者であると同時に地域住民でもあるといった多面性から，ほんらい多様な考え

方を持っている」わけで、「市民政治は、こうした多様な思想・意見の存在を前提としており、この多様な市民と政治の間にいかなるフィードバックの仕かけを作るかということが"参加民主主義"の基本的な命題である」のだ[53]。

こうした《革新》的な立場に立脚する菅だが、同じ所信表明演説のなかで、《現実主義》的なアプローチで名をはせた「永井陽之助」という国際政治学者の名前についても言及していることは、注目に値する[54]。

> 私は、若いころ、イデオロギーではなく、現実主義をベースに国際政治を論じ、「平和の代償」という名著を著された永井陽之助先生を中心に勉強会を重ねてまいりました。我が国が、憲法の前文にあるように、国際社会において名誉ある地位を占めるための外交とはどうあるべきか。永井先生との議論を通じ、相手国に受動的に対応するだけでは外交は築かれないと学びました。この国をどういう国にしたいのか、時には自国のために代償を払う覚悟ができるのか。国民一人一人がこうした責任を自覚し、それを背景に行われるのが外交であると考えます。

ところで、永井とは、「北海道大、東京工大、青山学院大で教授、日本国際政治学会理事長などを歴任。国際政治のほか大衆社会論、政治意識論などを専門とし、反核や軍事同盟反対の平和論を理想主義として批判する現実主義の論客として活躍」した人物の一人である[55]。東京工業大学出身の菅は、折りにふれ、永井について語っている。「永井陽之助さんの講義は、1回受けて全然わからないことをしゃべるので、2回目からは出なかったですね」といいつつも、「永井陽之助さんが北大から東工大に来られて、高坂さんとか、南北問題の衛藤瀋吉さんら現実主義者と呼ばれた学者の本を読んだり直接話を聞いたりしていました」「学生時代は『現代問題研究会』なんていうサークルを自分でつくって、現実主義的な主張で知られていた東工大教授の永井陽之助さんや京大助教授だった高坂正堯さんらをお呼びしました」といった具合である[56]。このように、菅は、はやくから、外交面における《現実主義》

69

第Ⅰ部　民主党政権下の日米関係

的なアプローチに共感を覚えていたようだ。

　それゆえ，菅は，初の所信表明演説において，「現実主義を基調とした外交を推進すべきだと考えております」と力説したのである[57]。だが，同時に，菅は，次のようにも語っている[58]。

　　　沖縄には米軍基地が集中し，沖縄の方々に大きな負担を引き受けていただいています。普天間基地の移設，返還と一部海兵隊のグアム移転は，何としても実現しなければなりません。
　　　普天間基地移設問題では，先月末の日米合意を踏まえつつ，同時に，閣議決定でも強調されたように，沖縄の負担軽減に尽力する覚悟です。
　　　沖縄は，独自の文化をはぐくんできた，我が国が誇るべき地域です。その沖縄が，さきの大戦で最大規模の地上戦を経験し，多くの犠牲を強いられることとなりました。今月23日，沖縄全戦没者追悼式が行われます。私は，この式典に参加し，沖縄を襲った悲惨な過去に思いをいたすとともに，長年の過重な負担に対する感謝の念を深めることからこの沖縄問題についての仕事を始めたい，このように考えております。

　こうした認識には，菅の市民運動家的な発想が色濃く反映されているといえよう。つまり，菅は，外交面においては，《現実主義》を標榜するものの，「沖縄の負担軽減に尽力する覚悟です」との発言からも明らかなように，内政面での沖縄については，《革新》的な対応を念頭においているというわけである。

　ちなみに，外交面における《現実主義》的アプローチという点では，鳩山と菅のスタンスは大きく異なる。鳩山の場合，初の所信表明演説（2009年10月26日）において，「アジア太平洋地域に位置する海洋国家」の日本にとって，「その基盤となるのは，緊密かつ対等な日米同盟であります。ここで言う対等とは，日米両国の同盟関係が世界の平和と安全に果たせる役割や具体的な行動指針を，日本の側からも積極的に提言し，協力していけるような関係で

70

あります。私は，日米の二国間関係はもとより，アジア太平洋地域の平和と繁栄，さらには，地球温暖化や核のない世界など，グローバルな課題の克服といった面でも，日本と米国とが連携し，協力し合う，重層的な日米同盟を深化させてまいります」と，ことさらに，日米間の「対等」性を力説していた[59]。他方，菅の所信表明演説には，日米関係の「対等」性を強調するような発言はなかった[60]。

　　我が国は，太平洋に面する海洋国家であると同時に，アジアの国でもあります。この二面性を踏まえた上で，我が国の外交を展開します。
　　具体的には，日米同盟を外交の基軸とし，同時にアジア諸国との連携を強化します。
　　日米同盟は，日本の防衛のみならず，アジア太平洋の安定と繁栄を支える国際的な共有財産だと考えます。今後も同盟関係を着実に深化させます。

　ここからも，菅の《現実主義》の一面を垣間見ることができよう。したがって，われわれが，菅政権下の日米関係について考察する場合，うえでみてきたような菅の《現実主義》的アプローチと《革新》的なスタンスの両面からの検証が必要となるのではなかろうか。

〔注〕
1）http://www.dpj.or.jp/news/?num＝18576（2010年7月31日）。
2）http://www.dpj.or.jp/news/?num＝18573（2010年7月31日）。
3）五百旗頭真・伊藤元重・薬師寺克行編『菅直人―市民運動から政治闘争へ―』（朝日新聞出版，2008年），51頁および92頁。
4）北川正恭『マニフェスト革命―自立した地方政府をつくるために―』（ぎょうせい，2006年），20頁。

第Ⅰ部　民主党政権下の日米関係

5）『第156回国会　国家基本政策委員会合同審査会会議録　第4号』2003年6月11日，2頁。

6）菅直人『総理大臣の器―「菅」対「小泉」マニフェスト対決―』（幻冬舎，2003年），184頁。

7）小沢一郎・菅直人『政権交代のシナリオ―「新しい日本」をつくるために―』（PHP研究所，2003年），148頁および150頁。

8）なお，この点に関連して，民主党のホームページには，「マニフェストは，国政選挙の都度，社会情勢等を考慮して必要な政策を検討し，国民の皆さんに党のお約束として提示するものです。従って，その内容は深化，変化していきます」と記されていることを付言しておく（http://www.dpj.or.jp/policy/manifesto/index.html〔2010年7月31日〕）。

9）「民主党政権公約MANIFESTO（マニフェスト）」（2003年10月），23頁および37頁（http://www.dpj.or.jp/policy/manifesto/images/Manifesto_2003. pdf〔2010年7月31日〕）。

10）「民主党政権公約MANIFESTO（マニフェスト）」（2004年6月），16頁および18頁（http://www.dpj.or.jp/policy/manifesto/images/Manifesto_2004. pdf〔2010年7月31日〕）。

11）「民主党　政権公約MANIFESTO（マニフェスト）」（2005年8月），11頁および22頁（http://www.dpj.or.jp/policy/manifesto/images/Manifesto_2005. pdf〔2010年7月31日〕）。

12）「民主党　政権公約MANIFESTO（マニフェスト）」（2007年7月），19頁および27～28頁（http://www.dpj.or.jp/policy/manifesto/images/Manifesto_2007.pdf〔2010年7月31日〕）。

13）「民主党　政権政策Manifesto」（2009年7月），15頁および22頁（http://www.dpj.or.jp/special/manifesto2009/pdf/manifesto_2009.pdf〔2010年7月31日〕）。

14）「民主党　政権政策MANIFESTO（マニフェスト）」（2010年6月），11頁（http://www.dpj.or.jp/special/manifesto2010/data/manifesto2010.pdf〔2010年7月31日〕）。

15）長島昭久「鳩山政権の外交・安全保障政策」森本敏監修『漂流する日米同盟―民主党政権下における日米関係―』（海竜社，2010年），28頁。

16）『第173回国会　衆議院会議録　第1号（1）』2009年10月26日，6頁。

17）前掲「民主党　政権政策MANIFESTO（マニフェスト）」（2010年6月），21頁。

18）同上。

19）読売新聞政治部『民主党　迷走と裏切りの300日』（新潮社，2010年），262頁。

20）『第174回国会　衆議院会議録　第35号』2010年6月11日，4頁。

21）『第93回国会　衆議院社会労働委員会議録　第2号』1980年10月16日，33頁。

22）『第96回国会　衆議院沖縄及び北方問題に関する特別委員会議録　第4号』1982年2月24日，31頁。

23）『第108回国会　衆議院予算委員会議録　第11号』1987年3月30日，15頁。

3　菅直人首相の考えた日米関係

24）『第108回国会　衆議院会議録　第13号』1987年4月22日，352頁。

25）『第140回国会　衆議院会議録　第2号』1997年1月22日，20頁。

26）同上，23頁。

27）『第142回国会　衆議院予算委員会議録　第31号』1998年4月13日，19頁。

28）同上。

29）『第156回国会　国家基本政策委員会合同審査会会議録　第2号』2003年3月19日，2頁。

30）『第165回国会　衆議院予算委員会議録　第2号』2006年10月5日，42頁。

31）『第156回国会　衆議院会議録　第47号』2003年7月25日，3頁。

32）『第158回国会　衆議院予算委員会議録　第1号』2003年11月25日，11頁。

33）参加民主主義をめざす市民の会編『無から有への挑戦―「支持政党なし」時代の選挙―』（読売新聞社，1977年），216～217頁。

34）菅直人・ばばこういち『激論　社民連VS革自連』（ちはら書房，1979年），157～158頁。また，菅は，社会党に関しても，「たとえば合成洗剤追放運動なんかには，出てこないわけです。そういうことに対する不信感，違和感というのがいちばん大きかったですね」との感想をもらしている（菅直人『菅直人　市民ゲリラ国会に挑む』〔読売新聞社，1980年〕，107～108頁）。

35）菅，前掲書『菅直人　市民ゲリラ国会に挑む』，66頁。

36）同上，39頁。

37）『創発の座標―菅直人対談集―』（現代の理論社，1983年），48頁。

38）同上，44頁。

39）菅直人『日本　大転換―二十一世紀へ希望を手渡すために―』（光文社，1996年），216頁。

40）菅直人『改革政権　準備完了―私に賭けてください―』（光文社，2002年），113頁および115頁。なお，同書・第3章の「自立外交へ新しいイニシアチブを」において，外交に関する菅の認識が明示されているが，これは，のちにふれる『現代』2002年9月号所収の論文に，加筆・修正したものであるようだ（同上，190頁）。

41）同上，117～118頁。

42）同上，118～119頁。

43）五百旗頭・伊藤・薬師寺編，前掲書『菅直人』，288頁。

44）対論（久間章生・菅直人）「日米安保。有事法制。自民と民主，一致と不一致。」『論座』2000年7月号，119頁。

45）菅直人「諫早湾から官僚政治を糺す」『中央公論』1997年8月号，50頁。

46）前掲論文「日米安保。有事法制。自民と民主，一致と不一致。」『論座』2000年7月号，123頁。

第Ⅰ部　民主党政権下の日米関係

47）菅直人「菅直人（民主党幹事長）『救国的自立外交私案』─台湾の国連加盟，国連平
　　和協力隊，日米安保─」『現代』2002年9月号，236頁。

48）同上，241頁。

49）同上，240〜241頁。

50）『朝日ジャーナル』1976年12月3日号，26〜29頁。

51）『第174回国会　衆議院会議録　第35号』2010年6月11日，2頁。

52）前掲書，『創発の座標』，185頁。

53）参加民主主義をめざす市民の会編，前掲書『無から有への挑戦』，220頁。

54）『第174回国会　衆議院会議録　第35号』2010年6月11日，4頁。

55）『朝日新聞』2009年3月18日，39面。

56）五百旗頭・伊藤・薬師寺編，前掲書『菅直人』，12頁および16頁。

57）『第174回国会　衆議院会議録　第35号』2010年6月11日，4頁。

58）同上，5頁。

59）『第173回国会　衆議院会議録　第1号（1）』2009年10月26日，6頁。

60）『第174回国会　衆議院会議録　第35号』2010年6月11日，4頁。

4 │ 野田佳彦首相の考えた 日米関係

1. はじめに

　日米同盟は，我が国の外交，安全保障の基軸であり，アジア太平洋地域のみならず，世界の安定と繁栄のための公共財であることに変わりはありません。

　半世紀を超える長きにわたり深められてきた日米同盟関係は，大震災でのトモダチ作戦を初め，改めてその意義を確認することができました。首脳同士の信頼関係を早期に構築するとともに，安全保障，経済，文化，人材交流を中心にさまざまなレベルでの協力を強化し，二十一世紀にふさわしい同盟関係に深化，発展させていきます。

　普天間飛行場の移設問題については，日米合意を踏まえつつ，普天間飛行場の固定化を回避し沖縄の負担軽減を図るべく，沖縄の皆様に誠実に説明し，理解を求めながら，全力で取り組みます。また，沖縄の振興についても積極的に取り組みます[1]。

　上記の文言は，2011年9月2日に，第95代内閣総理大臣となった野田佳彦による初の所信表明演説（2011年9月13日）の一部である。野田は，9月2日の就任以来，2012年12月26日までの482日間，総理大臣の座にあった。この482日という数字は，民主党政権下の首相である鳩山由紀夫の266日（2009年9月16日～2010年6月8日），菅直人の452日（2010年6月8日～2011年9月2日）をうわまわるものであった[2]。

第Ⅰ部　民主党政権下の日米関係

表　民主党政権の歩み

2009年

8月30日	衆院選で民主党が308議席の圧勝
9月16日	民主，社民，国民新3党の鳩山連立内閣発足
11月11日	予算の無駄を洗い出す「事業仕分け」着手
13日	オバマ米大統領が来日。鳩山由紀夫首相は首脳会談で，米軍普天間飛行場移設問題について「トラスト・ミー」と発言

2010年

5月28日	鳩山首相が普天間問題をめぐり，社民党党首の福島瑞穂消費者行政担当相を罷免
30日	社民党が連立政権離脱を決定
6月2日	鳩山首相が退陣表明
4日	菅直人副総理兼財務相が民主党代表選に勝利。新首相に選出
8日	菅内閣が発足
17日	菅首相が消費税率引き上げ方針を表明
7月11日	参院選で民主党大敗。与党過半数割れ
9月7日	沖縄県・尖閣諸島付近で中国漁船が海上保安庁の巡視船に衝突
14日	民主党代表選で菅首相が小沢一郎元代表を破って再選
17日	菅改造内閣が発足

2011年

1月14日	菅再改造内閣が発足
31日	小沢氏が政治資金規正法違反罪で強制起訴
3月11日	東日本大震災
19日	菅首相が自民党の谷垣禎一総裁に入閣を要請。谷垣氏は拒否
6月2日	菅首相が民主党代議士会で，震災対応に一定のめどがついた段階で退陣する意向表明。不信任案否決
7月13日	菅首相が記者会見で「脱原発」を表明
8月26日	特例公債法などが成立。菅首相が退陣を正式表明
29日	民主党代表選で野田佳彦財務相が当選
9月2日	野田改造内閣が発足
11月11日	野田首相が環太平洋連携協定（TPP）交渉への参加方針表明
12月16日	野田首相が東京電力福島第1原発事故の収束を宣言

4 野田佳彦首相の考えた日米関係

2012年	
1月13日	野田再改造内閣が発足
2月10日	復興庁発足
3月30日	消費税増税を柱とする社会保障と税の一体改革関連法案を閣議決定
4月26日	強制起訴された小沢氏に無罪判決
6月4日	野田内閣発足
21日	民主，自民，公明3党が一体改革関連法案修正で正式合意
26日	一体改革関連法案が衆院通過。小沢氏ら多数造反
7月9日	民主党が小沢氏らの除名処分を正式決定
8月8日	野田首相が自公両党党首と「近いうちに信を問う」ことで合意
10日	一体改革関連法が成立。韓国の李明博大統領が島根県・竹島上陸
29日	野田首相に対する問責決議が参院で可決
9月11日	尖閣諸島を国有化
21日	野田首相が民主党代表再選
26日	自民党が安倍晋三氏を新総裁に選出
10月1日	野田第3次改造内閣が発足
19日	民自公3党の党首会談。解散時期の明示めぐり決裂
11月13日	野田首相が衆院解散の条件に挙げた公債法案成立などで民自公3党が合意
14日	野田首相が党首討論で，16日に衆院を解散する意向表明
16日	公債法，衆院選挙制度改革関連法が成立。衆院解散。臨時閣議で衆院選日程を「12月4日公示-16日投開票」と決定
17日	橋下徹大阪市長が率いる日本維新の会に「太陽の党」が合流。代表に石原慎太郎氏が就任，橋下氏は代表代行に
20日	プノンペンでの日米首脳会談で，TPP交渉参加に向け，日米の事前協議加速で一致
21日	鳩山元首相が民主党の方針に従うよう求める公認申請書（誓約書）には署名できないとして衆院選立候補を断念，政界引退を正式表明

出所：『北海道新聞』2012年11月27日，6面。

第Ⅰ部　民主党政権下の日米関係

　周知のように，野田は，安倍晋三・自民党総裁との党首討論（2012年11月14日）の場で，「国民の皆様に消費税を引き上げるという御負担をお願いしている以上，定数削減をする道筋をつくらなければなりません。我々は，自分たちが出している法案に御賛同をいただきたい。諦めずにそれは粘り強く主張してまいります」としたうえで，「でも，ここで何も結果が出ないというわけにはいかないと思っているんです。そのためにも，ぜひ協議をしていただき，これについても，これはお尻を決めなかったら決まりません。この御決断をいただくならば，私は今週末の十六日に解散をしてもいいと思っております。ぜひ国民の前に約束してください」と述べ，衆議院の解散・総選挙に打って出たのであった[3]。

　この当時，18％の支持率しかなかった野田が[4]，解散・総選挙を選択した結果，12月16日の第46回衆議院議員総選挙で，民主党はわずか57議席しか獲得することができず，294議席を得た自民党に政権の座を明けわたすこととなった。

　ところで，野田は，日米関係について，どのような考えを有していたのであろうか。本稿では，野田の対米観の一端を浮き彫りにしたいと考えている。なお，論述にあたっては，野田という人物を深く知るために，野田自身の関心の高かった地方自治や教育に関する見解を概観する。そして，首相就任時までの著作物に着目しつつ，野田の対米観がどのようなものであるのかを検証したい。そして最後に，野田の対米観の有する意味に関して，簡単な私見を述べる。

2. 野田佳彦という人物

（1）地方自治の分野にたけた野田首相

　「野田佳彦」という名前が，三大紙に初めて登場したのは，いったい，いつごろのことであろうか。三大紙のうち，もっともはやく野田の名前がでた

のは，『読売新聞』であった。1985年3月7日の記事をみると，「松下政経塾
の卒業発表会」と題する記事で，「松下電器の創業者，松下幸之助・同社相
談役が私費で設立した『松下政経塾』の第一回卒業生十五人の『卒業提言発
表会』が十四日午後一時から東京・大手町の経団連ホールで行われる」とし
て，「五年間の塾生活を総括して『私は政治を変えたい』（野田佳彦氏）」と，
野田の名前が記されている[5]。また，その12日後には，『朝日新聞』にも，野
田の名前は出現している。同紙の記事も，松下政経塾に関するもので，「松
下政経塾。五十五年春，松下電器産業の創業者，松下幸之助さんが，私財
七十億円を投じて，神奈川県茅ケ崎市でスタートさせた。世間は『政財界の
リーダー養成所か』と注目した。この十五日に五年間の研修を終えた十五人
の顔ぶれは，ほとんどが一流大学卒の若者たち」としたなかで，「早大卒で
政治家志望の野田佳彦さん（27）は，軽トラックでガスもれ点検をしながら
船橋市内の家を回った。街の声を集めて手づくりの新聞を出してきた」と，
これまでの活動が簡単に紹介されている[6]。ちなみに，『毎日新聞』には，第
40回衆議院議員総選挙（1993年7月18日）が近づきつつあるなかで，千葉1
区（定数：5）での「立候補予想の顔ぶれ」として，その名前が掲載されて
いたに過ぎなかった[7]。

　ところで，「財団法人松下政経塾設立趣意書」によれば，「真に国家を愛し，
二十一世紀の日本をよくしていこうとする有為の青年を募り，彼らに研修の
場を提供し，各種の適切な研修を実施するとともに，必要な調査，研究，啓
蒙活動を行う松下政経塾の設立を決意した」とある[8]。まさに，「この設立趣
意書を読んで，第一期生として応募してきた青年の一人が，野田総理」とい
うわけである[9]。

　ちなみに，松下政経塾は，2015年4月時点で，国会議員：34名，地方議会
議員：23名，首長：9名を輩出していることからも[10]，「世界でも珍しい『政
治家養成機関』としてスタートした」ことで，名をはせている。しかも，「『地
盤，看板，カバン』を持たない若者を政治家にしてやろう」との思いをもっ
た松下幸之助が，私財を投じて設立し，大きな話題をよんだ組織であっ

第Ⅰ部　民主党政権下の日米関係

た[11]。だが，「政治に興味はあったものの，学生時代の私は，どちらかというと政治家ではなくジャーナリストを志していました」と語っているように[12]，早稲田大学政治経済学部政治学科で学生時代を過ごした「野田は，NHKと読売新聞の内定を得ていた」[13]。にもかかわらず，野田は，松下政経塾の門をたたき，「休日も夜も寝る間もなく研修に励んだ」という[14]。そうしたなかで，野田の志望は，ジャーナリストから政治家へと変わっていったようだ。現に，野田は，「私は大学を卒業したら新聞社の政治部の記者になって，いずれは立花隆さんのようなジャーナリストになりたいと思っていました。そのころに松下政経塾ができ，一転して政治の世界に飛び込んだのです」と述懐している[15]。もっとも，「松下政経塾一期生二十三名は，昭和二十九年生まれの逢沢一郎が一番年上で，大学院修了の小野〔晋也〕たちが昭和三十年生まれ，そして，大半を占めるのが野田らの昭和三十二年生まれという構成だった。そんなこともあってか，野田は控えめで，どちらかと言えば受身でやっていく感じの塾生だった」（〔　〕内，引用者補足）ようで，「決して見栄えがいいわけでも，また，才能がほとばしり出るわけでもない」タイプであったという。そのため，「当時，松下政経塾の塾生の中で，将来，野田が日本の総理大臣になると想像した人はおそらくいないだろう」と，ドキュメンタリー作家の大下英治は述べている[16]。

　さて，松下政経塾時代の「野田は，平日は研修，レポートや課題提出で睡眠時間が三時間を切るような生活をしていたのに加え，週末ごとに，実家のある船橋に帰って」，「地域を活性化するための活動や勉強会などに参加していた」そうだ。そのためであろうか，「野田の政経塾時代からのテーマの一つは，『地方自治』」であったという。そこで，「数名の共著ではあるが，野田の初の著作本である」，『新しい日本の政治・行政を求めて─政経研究シリーズ＜１＞─』のなかに収録された，野田の論文の内容を紹介しよう[17]。

　松下政経塾塾長の松下によれば，当該冊子は，「松下政経塾の研究活動の一つの柱である『基本政策形成研究』から生まれたもの」で，「第一期塾生が二年目に入った昭和五六年の五月から，その中の志望者を研究員として進

80

められた」。この「『基本政策形成研究』とは，21世紀の理想の日本実現を目ざして，国家経営の基本理念なり基本政策を探求していくもの」で，「共通テーマを"無税国家の基礎づくり—新しい日本の政治・行政を求めて"とし，各自がそれぞれに次のような方向の下に個別テーマを選定し分担してとり組んだ」そうだ。ちなみに，その方向性とは，「(1) どうすれば生産性の高い政治・行政を実現することができるか」，「(2) 実態調査により政治・行政の改革必要点を把握し，あるべき姿を探求する」，「(3) なぜ行政改革はスムーズに進まないのか，その原因を探り，前進への道を見出す」であった[18]。

なお，共通テーマにあげられた「無税国家」とは，松下塾長が「昭和五四年一一月に読売国際経済懇話会の月例講演会で話したもので，日本の将来の国家構想私案」であって，「その内容を一言でいえば，毎年の国家予算のうち一定額を残して積み立て，その積み立てた金を運用して得た利息で国家運営を進めていくようにすれば，税金の無い国が実現できるのではないか，というものである」。もちろん，松下自身が記しているように，「こういう構想を実現していくには，非常に長い歳月もかかり，また幾多の必要な条件，考慮せねばならない点がある」ことはいうまでもない。しかも，「国家予算の一定額を残すこと自体，今日のような赤字財政の下では不可能であるから，よほど生産性の高い政治・行政を実現していかなければならないし，また積み立てた金の運用についても，確実な方法があるわけではない。一朝一夕に事が成るような問題ではないことは明らかである」。だが，「こういう構想を日本の将来の一つの国家目標として掲げ，その実現へ向けて衆知を集めてとり組んでいったならば，よりよい知恵も生まれ，実現のための具体策も逐次あらわれてくるであろう」と，松下は語っている[19]。

松下は，つねづね，「『できない理由』を考えるよりも，『できる方途』を考えることの方が大切ではなかろうか」と口にしていたようであるが[20]，まさに，この『新しい日本の政治・行政を求めて』は，塾生の一部が，そうした「できる方途」について論じた冊子である。なお，同冊子の執筆者および論文のタイトルは，以下のようになっている。

第Ⅰ部　民主党政権下の日米関係

> 　　横尾俊彦　「新しい目標をかかげる─行政改革反対の言い分と推進のヒ
> 　　　　　　　ントを探る─」
> 　　吉田謙治　「なぜ行政改革は達成されにくいか」
> 　　逢沢一郎　「政治・行政と補助金」
> 　　平　浩介　「行政の守備範囲の見直しに関する一考察」
> 　　野田佳彦　「私論・地方自治のあり方」
> 　　小野晋也　「柔軟な地方行財政を求めて─地方自治体の行財政改革への
> 　　　　　　　一試案─」
> 　　岡田邦彦　「政治・行政の生産性を求めて」

　では，ここで，野田のあらわした論文「私論・地方自治のあり方」の内容
を紹介しておこう。まず，「序章　住民自治からみた『地方の時代』─私流『地
方の時代』論─」では，「戦後，新憲法は，その第八章に地方自治と題する
章を設け，強く地方自治を保障するにいたった。それは，住民自治を基調と
し，分権的で，地方公共団体の自主性を強く認める内容であった。しかしな
がら，それは住民の努力により獲得したものではないため，新憲法で謳われ
ている地方自治の精神と現実の住民の自治意識との間には，大きなギャップ
があった。また，制度の運用にあたる公務員も，永年の中央集権的な行政慣
行に慣らされていた」とし，「本来，地方自治は，『団体自治』と『住民自治』
の二つの要素から成り立っている。両者は，車の両輪のようなもので，どち
らか一方が欠けても真の意味での『自治』は成立しない。そして，その二つ
の中でも『住民自治』こそが，地方自治の本質的要素であり，『団体自治』は，
『住民自治』を実現するための形式的な要素である。そのような『住民自治』
の観点からすると『地方の時代』とは，地方自治の主人公である住民の日常
的生活感覚に基づき，新しい展望を切り開いていこうという時代認識である。
『地方の時代』，それは『私たちの時代』と換言してもいいのではなかろうか」
との持論を披露する。要するに，野田は，「一般に言われている『地方の時代』
は，中央政府から地方公共団体への権限及び財源の委譲など，国権に対し地

方公共団体が一定の自治権をもつという，地方公共団体という団体としての自治権に注目した『団体自治』の観点から説かれている」のに対して，「地方行政はその地方の住民によって処理されるべきであるとする『住民自治』の観点から論じた『地方の時代』論」を展開しようとの問題意識を有しているのである[21]。

　続く「第一章　新しい自治意識の形成」は，「（一）自治意識の現状」と「（二）新しい自治意識の向上を」，「（三）新しいコミュニティづくり（提言1）」からなる。「（一）自治意識の現状」では，「住民こそが地方自治の主人公である」と明言したうえで，「いかに立派な地方自治制度を構築しても，住民がそれを自分のものとして運用するだけの心構えと見識を持たなければ，その制度はわが国の風土に根づかない」と論じる。そして，世論調査の結果をもとに，「残念ながら現在の所，住民の自治意識は低いといわざるを得ない」とし，「自治意識が希薄であることは，すなわち地方自治の基盤が脆弱であることを意味する。こうした状態では『地方の時代』は到底実現しえない」との見解を示し，「（二）新しい自治意識の向上を」で，「住民の自治意識を向上させる」道すじを取りあげる[22]。野田によると，「まず，住民が自分の住んでいる地域に愛着を感じるようにならなければならない」ようだ。というのは，「自分の住んでいる地域に愛着を持つことは，住民が自治意識を持つに至る端緒となるからである」。とはいえ，「人々の日常生活の圏域の拡大の面からも，人々の定着性は低下している」という「現代的な条件の下で，旧来の定着性に基礎を置く自治意識に代わる，新しい時代の新しい自治意識を形成することが急務となってきた」との考えを提示する[23]。そのための方策が，「（三）新しいコミュニティづくり（提言1）」における記述である。野田は，「自由時間の増大，高学歴化，高齢化などに伴い，自己啓発や余暇における充実した人生を送るため『生きがい』志向が強まると予想される」とし，「現住地に永住できない人でも，その地に居住している間は地域住民との活発な交流が望ましい」と主張している。なぜならば，「『人との交際』を媒介として，地域への帰属意識・愛着が生まれる」からである。そのためにも，「地方自

第Ⅰ部　民主党政権下の日米関係

治体は各種のサークルが活動できる場を，設けていく必要がある」し，「できるだけ住民の身近な所に，気軽に利用できる施設を多くつくったほうがよい」との結論を導き出す。野田の考えでは，「こうして，元来は個人的なニーズをもった人たちが，居住地域の施設を利用し，近隣住民との付き合いを重ねることにより，次第に地域的な関心を持つようになる」のであって，「こうした型の地域住民間のつながりは，新しいコミュニティを形成する」ことにもなるのだ。「それはすぐには自治意識の高揚に結びつかないかもしれない」が，「現住地に定住するのではなく一時的に居住するだけの人たち，それ故，その地域の問題にほとんど無関心な人たち―彼らの目をその居住地域に向けさせる糸口」となるわけだ[24]。

　この野田の思いを実現し，「住民が積極的に地域への関心を持つようになるには，関心の対象である地域の行政が『わかりやすい』ことが必要になってくる」。そこで，「第二章　わかりやすい行財政を―地方分権の推進―」の「（一）複雑な地方行財政制度」で，「住民の自治意識を阻害する第二の壁である」，「地方行財政制度の複雑さ」が取りあげられる。とりわけ，野田が，「特にわかりにくい」というのは，「（1）行政責任」と「（2）受益と負担」であり，前者の「（1）行政責任」では，「地域的な事務であっても，事務の主体を国に留保して，地方公共団体の長などに行わせる方式である」，「機関委任事務の存在」によって，「行政責任の所在が不明確となっている」と断じる。しかも，京都市の事例をもとに，この当時，「機関委任事務は，増加の一途」で，「住民にとって行政責任の所在がますます分らなくなってきている」との現状分析も行っている[25]。次の「（2）受益と負担」においては，「税金は主に国が徴収し，地方に分散して支出しているという構造」についてふれ，「この構造こそが，住民が受益と負担のメカニズムを理解することを妨げる」実状を問題視する。なかでも，野田は，国庫支出金（補助金）に着目し，「補助金による弊害」の例をあげている。それが，「本来，受益にはそれ相当の負担が必要である」にもかかわらず，「住民にとって補助金は，自分たちの要求を満たしてくれるための国からの『恩恵』であるような錯覚に陥る」と

84

いう事実である。「補助金も元をただせば同じ国民の貴重な税金である」ものの，「住民は自分たちの税金と思わなくなり，ただ要求ばかりするいわゆる『たかり』の精神が助長されること」へとつながり，「住民要求をとめどもなく増加させ，財政規模の拡大，大きな政府を招来するに至る」というのだ[26]。「（二）事務の再配分（提言2）」では，「住民にとって行政責任の所在が『わかりやすい』ことを原則とした事務の再配分を提言」している。具体的には，「多くの事務は，国と地方の双方の役割分担が錯綜している。そうした事務については，事務の執行状況が住民にとって『わかりやすい』ように，できるだけ地方，とりわけ市町村に配分すべきである」として，「従来の機関委任事務のように財源措置を十分講ぜずに執行だけを地方にまかせるのは，地方にとって負担となるだけである。そうした事務は，費用は国が全額負担して全て委託方式にすべきである」との主張を展開する[27]。さらに，「（三）財源の再配分（提言3）」の「(1) 地方の自主財源の強化」において，「国庫補助金は原則として廃止し，それに相当する税額を自治体，特に市町村が自主財源として徴収し活用できる仕組にすべきである。それなら住民は，いわゆる『おんぶ』や『たかり』，あるいは中央からの『恩恵』という意識を捨て，自分たち自身の税金という意識を持つことができる」との提言を行っている。その意味でも，「税は全て地方が徴収し，その一定割合を国に納付する仕組にする」ことを訴える。そうなったとき，「各地域間の経済力の不均衡発展」に関連し，「地方は連帯して，地域間の財政力較差是正のための自主的な相互協議調整機構を作り『横の調整』が行われることが望ましい」との考えを「(2) 地域間較差是正のための財源調整」で明示している[28]。かくして，「（四）地方分権の意義」が論じられる。それは，「独立性及び自主性を獲得した自治体間において，新しい行政手法の開発などをめぐって，競争が展開されるだろう。さらに，地域施策に関する責任が明確になろう。また，いちいち中央に伺いをたてたり陳情に行ったりする手間がなくなり，意思決定が迅速に行われるわけであるから，住民第一主義がより徹底されよう。地方毎に経営感覚，経営力をもった自治体の長となるべき人材も育つ」との

第Ⅰ部　民主党政権下の日米関係

考え方だ[29]。

　そして、「住民と行政との距離を『近づけること』—具体的には住民参加の拡充—」をテーマとした「第三章　近づきやすい行政」には，まず，「（一）住民参加の意義」が設けられている。野田によると，「国→府県→市町村への着実な『分権』があってはじめて，住民参加の有効性は生まれるのである」。というのは，「自治体が自主的に処理できる事務や自主的に使える財源が少ない状態では，住民が参加によりその意思・要望を表明しても，施策に反映されるものは限られてしまう」からだ。このように，野田にとって，「住民による『参加』は，『住民自治』の実質的な条件」であり，「『参加』なき『自治』は真の意味での『自治』ではない」のだ[30]。続く「（二）住民参加の現状」で，野田は，「条例の制定・改廃の請求」や「納税者訴訟」など，住民の「直接参加の制度」は認められてはいるものの，「既存の制度は，現状では必ずしも行政と住民との距離を近づけるための機能を十分果たし得ていない」ことを指摘する。加えて，「行政と住民との間の距離が，住民参加を通して縮まらない原因」として，「行政側すなわち自治体の運用に帰因する面」もあげている。その一例が，「行政情報の住民への提供が十分行なわれていない」事実であり，「住民が情報不足であっては，結果として住民を自治体から遠ざけることになる」との見解を提示する。さらに，「住民自身に帰因する場合も勿論ある」とし，「住民の自治意識の低さ」に着目する。「本来，住民参加は，健全な自治意識に基づいて行われることが必要である」からだ[31]。そこで，「『住民自治』が単なるお題目から，実のあるものになっていく」方策について論じる，「（三）住民参加の拡充（提言4）」が登場する。「（1）これからの住民参加制度」は，「（イ）住民投票の有効活用」と「（ロ）行政過程への参加」からなり，前者では，「住民投票が地方議会の機能を補強するような形でより活用される必要がある」とし，「例えば，今日，多くの自治体が五年，一〇年にわたる長期的な基本構想（計画）を策定している」が，これらによる「住民の地域生活への影響は甚大であるので，その是非を住民に問うても良いのではなかろうか」と説く。このほか，「町村合併など地方自

86

治体の権能に関する重要な意思決定を行なう際にも，当該地域住民により住民投票を実施したら良い」と述べ，「こうして，住民投票の活用の幅を広げていけば，次第に地方財政に対しても住民の目は集まろう。現在は，まだまだ無関心である。そして，受益と負担の関係を明確に意識した住民が輩出してきた段階において，地方税の税率の選択など地方財政にまで一歩踏み込んだ住民投票を導入すべきである」との提言を行っている。後者においては，「自治体における企画立案→計画決定→執行の各過程に，住民が参加できるようにすべきである」との認識を披露している。なぜなら，「住民が自分たちの身に火の粉がふりかかってきてはじめて立ち上がるのではなく，予め施策に自分たちの意志を反映できるような参加機構を確立すべきである」と考えるからだ[32]。では，野田にとって，「（2）あるべき自治体の姿勢」はどのようなものであろうか。「住民の意志をくみ取るための条件整備」として，「（イ）情報の公開」と「（ロ）住民の声に敏感な行政組織」の2つの必要性を強調する。前者のなかで，野田は，「自治体はできるだけわかりやすい形で，情報を提供するように努力すべきである」との注文を付けている。ここには，野田の「自治体側と住民とが，同じ認識と関心をもつようになることは，地方自治における永遠の課題であると思う。そのためには，自治体と住民とが同じ考える材料を持つことが必要である」との思いがある。また，後者では，「あくまで，住民のための行政なのである」とし，「自治体の組織自体も，住民の意志を敏感に受けとめる体制に改めなければならない」と力説する。その好例として，「千葉県習志野市の地域担当制」を紹介する[33]。また，「（四）住民参加と地方議会」において，「本当に住民参加は『議会制民主主義の軽視』に結びつくのであろうか」との問いを発し，明確に，「否である」と答えている。それは，「昨今のように，住民の意向が多様化し複雑化してくると，四年に一度の選挙だけでは，議会が多様な争点について，幅広い住民の意思を正しく代表することが益々困難になる」のであって，「『住民の意思』と『議会の意思』をより一層近づけるためには，もう一つの別の何らかの手だてが必要であり，それが住民参加に期待される」と唱える。同時に，地方議会議

員に対しても，「議員一人ひとりにおいては，まずは自らが確固たる自治意識をもち，仮に住民の自治意識が低いならば，住民を啓蒙し『地方の時代』にむかって住民を先導していく気構えが必要である」と訴えかける[34]。

そして，「第四章　住民自治のめざすもの」では，「今後住民がかかえる問題は，量的に増大するだけでなく，質的にも多様化，複雑化する」との認識を示し，「住民一人ひとりやその家族だけの手には負えなくなる」としつつも，「この段階で行政の力『公助』に頼るのはまだ早い。自分自身や家族の私的努力『自助』だけで，解決しえないとしたら，次には，近隣の人たちが，相互に連帯して助け合うこと『互助』が必要になってくる。そして，自助レベルでも互助レベルでも解決しえない問題のみが，行政の手に委ねられるべきである」と論じる。加えて，「行政への安易な依存心を断ち，できるだけ自分たちの力で問題を解決する人間が輩出してきた時こそ，真の『地方の時代』『私たち＝住民の時代』を迎えることができる」との熱い思いをつづっている。その文脈で，大分県で展開された「一村一品運動は，地域住民の『むらづくり』への意欲と情熱を結集し，活力に満ちた地域づくりを実現しようというものである」との評価を与えている[35]。

最後の「結び　二十一世紀にむけて」で，野田は，「私は，この『わかりやすい行財政システム』＝『地方分権型行財政システム』，そして，『近づきやすい行政』＝『住民参加制度の拡充』が確立された時，はじめて二十一世紀にふさわしい真の地方自治が生まれると信じている」と，論文を結んでいる[36]。

こうした考え方に関連した記述は，のちに刊行された野田の自著のなかにもみられる。たとえば，日本国憲法改正にふれた文脈で，野田は，「地方自治についていえば，憲法では九二条から九五条までの四条しか触れていません。そのなかで本質的なものは，九二条の『地方自治の本旨に基いて，法律でこれを定める』だけと言ってもいい。これでは何も言っていないに等しい。最近，道州制の議論が活発になっていますが，国の統治のやり方として，地方分権，地域主権といった要素も憲法に入れるべきだと思います」との見解

を披露している。ただ，道州制に関しては，「最初に道州制ありきで考えて，上流から下流にどう地方自治を流していくかということではなく，まず基礎自治体で何をやれるのかを見極め，できるところはまかせる。その上で足りないところを補完していくという形，つまり下からの要請としての道州制が出てくるべきです」との発言からもわかるように，条件付きでの提唱であることには留意する必要があろう[37]。

(2)教育問題にも関心をもつ野田首相

また，松下政経塾在籍中の「野田は，地方自治，行政改革のほかに，『教育問題』にも熱心に取り組んでいる」とされる[38]。その成果が，『松下政経塾　第一期生21世紀・日本への提言』所収の「路地裏から教育を考える―見た，聞いた，歩いた―」に結実しているといってよかろう[39]。ちなみに，松下塾長によると，同書は，「卒塾にあたり，自分達がこれから社会に訴えていこうとする事柄を率直に提言しているもの」で，「一期生諸君がそれぞれの研修・研究を基にしてまとめた成果」のたまものであるという[40]。

野田の論文「路地裏から教育を考える」は，「現在，臨教審の答申をもとに，大きな教育改革がなされようとしているが，大局的にみて平常時と思われる今こそ，真の教育のありかたを考える絶好の時期ではなかろうか」との問題意識のもと，「教育の問題は大変複雑だ。百人いれば百の教育論がある。だからこそ，自己の立場やイデオロギーに拘泥せず，実態に即した議論が生まれなければならない」との考え方を披露する[41]。

そして，「大人が変われば子も変わる」のなかで，野田は，「人間には知的，情的，意的，体的の四つの能力がある。あまりにも偏差値という知的能力を計る物差しだけで，全てを計っていないだろうか」と問い，「教育改革とは，実は大人の側に求められている精神改革だ」と力説する[42]。

続く「奉仕活動をカリキュラムに」では，データを用いて，子どもたちが「自己中心的になってきている」事実を明白にし，「校内暴力，登校拒否，万引き，いじめなど」，「仲間の問題行動に対して無関心でいられる生徒の増大

に，より深刻さを感じる」との警鐘を鳴らしている。そのうえで，「他人への配慮や思いやり，個人と社会とのかかわり方を教えていくことがこれからの教育で大切なことだと思う」と主張する。こうした見解がでてくる背景には，野田の「一つの社会の中で，人々は一人では生きていけない。直接・間接は問わず，人は互いに助け合い，協力し合って今日の社会を築き上げてきた。だから，自己中心的で目前の問題に無関心な子供の増大は，将来に対して大いに不安を感じさせる。お互いがバラバラで孤立したシラケ社会が忍び寄ってきている気がしてならない」との認識があることは間違いない。さらに，ここでは，視察に訪れたイギリスにおいて，「奉仕したり，援助する気持ちをはぐくむことを，一つの"授業"として認めている」実態にふれ，「日本の学校教育の中でも，是非こうした試みを組み込むべきだと思う」との意見を述べている[43]。

さらに，「子供たちに働く意味を教えよう」になると，野田は，「余剰教室を学童保育所として活用」するなど，「政治・行政の衝にあたる人たちは，『金をかけて施設をつくる』という発想を変えて，『現在ある施設を有効に使う』という方向へ考え方を大転換する必要がある」との持論を展開する。こうしたアイデアが出てきたのも，野田が，「船橋市立西海神小学校のすぐ北側に行田地区学童保育所，通称"ジャングル・クラブ"」を訪問し，ヒアリング調査を実施するという"現場主義"の成果であろう[44]。

次の「先生は地域社会の中にもいる」において，野田は，「私は，教育には重要な二つの機能があるように思う。第一は，時代を超えて不易なものを教えることだ。第二は，世の中は時々刻々と変化するのであり，これからの時代に新たに必要になってくるものを教えることだ。特に，後者については，地域の人的資源を有効かつ柔軟に活用する仕組みが必要になってくる」と説く[45]。

また，「教員養成には時間をかけて」では，「確固たる目標をもち，その実現のためにいかなる困難をも粘り強く克服していくような若者が教壇に立った時，子供たちは『生きる姿勢』を学ぶかもしれない」とし，「こんな若者

の出現が教育荒廃を抜け出す第一歩となる」との展望を語っている。もっとも，そのためには，「教員をめざす人間の使命感，情熱，指導技術が問われる」ことはいうまでもないが，「そうした人材を確保するための教員養成・採用制度が再考されるべきである」というのが，野田の主張である。そのためにも，「医師にインターンが，法律家にも司法修習期間があるように」，「教育実習期間の拡大やその有効化，新採用後の試補ないし修習生期間の設置を実現すべきだろう」との思いを吐露している[46]。

そして，「もっと教育問題に関心を」のなかにおいて，「教育の危機，荒廃が国をあげて論じられている」なか，「不平・不満を言うだけでなく，自ら進んで灯りをつけていく気持，救世主を待つのではなく，自分たちが救世主になろうという気持ちが必要」と訴えかける。そして，結論部分において，「多様な組織や人間が，他と接触することなく，それぞれが自己完結的に存在しているだけなら，何ら新たな発展は期待できない。まちという一つの容器の中で，相互に活発に交じり合いながら，刺激し合い，情報交換することにより，新しい知恵が生み出される。子供のしつけや教育も，家庭や学校の中で行なわれるだけではない。地域社会の中で，あらゆる機会をとらえて，あらゆる場所で行なわれるべきだと思う」との見識を披露している[47]。

以上みてきたような教育をめぐる野田の考察は，「自分の出身地である千葉県船橋市を中心に，様々な『現場』に足を運び，多くのまちの声を拾い集めてきた」結果であり，「自分の身体で現在の教育の実態と今後あるべき姿を知ろうと努めてきた」成果といってよい。しかも，「欧州教育行政調査団に加わり，彼我の違いを学ぶこと」で，そうした発想に厚みが増している[48]。このように，松下政経塾時代の野田は，"臨床政治学"的な研究手法も多用してきたようである。

ところで，野田の論文の表紙の頁には，「現在も，地方自治，都市問題，選挙制度，教育等を主たるテーマに活動中」と記されているように[49]，当時の野田の主要な関心事は，外交よりも内政にあったといってよかろう。その証左に，『松下政経塾　第一期生21世紀・日本への提言』の目次をみても，"卒

第Ⅰ部　民主党政権下の日米関係

業論文"として,「国際貢献国家の提唱」(横尾俊彦),「貿易摩擦の政治的要因について」(出川昌人) など, 外交問題をあつかった塾生がいるなかで, 野田は, 教育問題を取りあげたのであった[50]。加えて, 1985年3月の卒塾提言発表会の席でも, 野田は,「都市問題, 教育問題に精通した政治家, 台所から教育を, 路地裏から都市政策を語れる政治家になりたい」と語っている[51]。

　このほかにも, 野田が日米関係にあまり関心を抱いていないことを示す好例がある。それは, 2007年に, 松下政経塾の東京事務所がつくられたときのことだ。同塾2期生で, 当時, 杉並区長の職にあった山田宏と野田は, 東京事務所の設置を契機として, 研究会をスタートさせることとした。このとき, 2つの研究会が設けられ, 1つは野田を座長とする「国策研究会」で, もう1つが山田を座長とする「日米プロジェクト」であった[52]。もちろん, 野田が日米プロジェクトの方の座長をつとめなかったからといって, 日米関係にまったく関心がないというわけではなかろう。だが, こうした事実からは, 野田の主要な関心が, 日米関係ではないという言い方もできなくはない[53]。もっとも, 松下政経塾があらわした書籍のなかには,「野田は, 外交についても明確な意見を持ち, それを実際に行動で示している」と明記されている。ただ, 同書での記述は, 日中関係に関するもので, 残念ながら, 日米関係についてのものではない[54]。

3.野田首相と日米関係

　これまでみてきたように, 松下政経塾時代に, 野田のあらわしたもののなかで, 日米関係について論じたものは皆無に等しいことが明らかとなった。だが, 野田が国会議員になってから記されたものには, わずかではあるが, 日米関係に言及しているものもある。ここで, それらの内容を概観しよう。

　まずは, 野田の単著である『民主の敵―政権交代に大義あり―』からみてみたい[55]。同書の目次は, 以下のようになっている[56]。

まえがき	3	
序　章　五五年体制は終わったのか	13	（10頁分）
第1章　「自民党」は一五年前に消滅している	23	（38頁分）
第2章　国会議員は多すぎる	61	（22頁分）
第3章　「優秀な官僚」が国を食い潰すシステム	83	（34頁分）
第4章　「自衛官の倅」の外交・安全保障論	117	（24頁分）
第5章　新日本創成論	141	（18頁分）
終　章　民主党一二年目の反省と可能性	159	（23頁分）
あとがき	182	

　この目次をみてもわかるように，内政課題と比べて，外交に関して割かれた頁数は少ない。ここからも，野田の外交問題に対する関心の低さがうかがい知れる。

　では，「『自衛官の倅』の外交・安全保障論」という章で，野田はどのような対米観を提示しているのであろうか。野田は，「アメリカを重視するという人に対して，『対米追従だ』といった批判をするのが一種の流行のようになっています。たしかに，何でもアメリカの言う通りというのでは問題でしょうが，安易な反米というのは歴史を見ていない人の立場ではないかと考えます」とし，「今，アメリカとの同盟を解消する積極的理由は皆無です。日米関係は，いろいろと変質はするかもしれませんが，きちんと評価をした上で，むしろ進化させていくべきだというのが，私の基本的な立場です」と断じている[57]。

　とはいうものの，「ただ，安全保障のことばかり考えて外交ができるわけではありません。たとえば経済的な側面から考えた場合には，対米関係だけでは生きていけないことは明白です。日米関係はこれからも基軸として大事にしながらも，もう一つの軸足としてBRICsを含めた新興国との経済外交をしっかりとやっていかなければなりません」と述べるなど，日米関係の相対化を主張しているように思われる[58]。こうした野田の考え方は，鳩山や菅の

第Ⅰ部　民主党政権下の日米関係

それと共通するものがあるといってよかろう[59]。

　では，野田の場合，どうやって日米関係を相対化していくべきであると考えているのであろうか。野田は，ある対談において，「たまにはガツンと言って，そのリアクションを見るのも必要ですよ。アメリカとは友人として付き合うべきですね」や「日米同盟はこれから様変わりするでしょうが，ガツンと意見を言える友人関係に進歩しなければいけないと思います。もちろん，友人をもっと増やす必要はあるでしょうね」と発言しているが，まさに，このような日本側のアクションこそが，その第一歩になるというわけだ[60]。野田は，自著のなかでも，「今，一番我が国がもの申さなければならない相手は，アメリカだと思います」「アメリカだからといって遠慮せずに，どんどん言わなければだめです」「日米は，軍事や経済だけでなく，あらゆる分野で相互依存の関係にあるわけです。『それだけは困る』『それはやらないでほしい』ということすら言えないのであれば，日本に外交なんて存在しないに等しいと言われても仕方がありません」と，同趣旨の発言をしている[61]。

　その一環であろうか，「私自身は，歴史認識については，タブー視をせずに見直していかなければならないという立場です」と語る野田は[62]，東京裁判（極東国際軍事裁判）に関しても，一家言有しているようである。それは，野田の提出した，「『戦犯』に対する認識と内閣総理大臣の靖国神社参拝に関する質問主意書」（2005年10月17日）にみてとれる[63]。そのなかで，野田は，「極東国際軍事裁判について」として，「日本が受諾したポツダム宣言には，『戦争を起こした人間を裁く』とは一切書かれていない。また，弁護団の一人であった清瀬一郎弁護士は，『（ポツダム宣言の時点において）国際法のどこを見ても先進国のどこの法律でも「平和に対する罪」「人道に対する罪」という戦争罪など規定していない。だからA級といわれる戦争犯罪などは存在しない。もしあるとしたら，その管轄はどこにあるのか』と質問しているが，これに対してウェッブ裁判長は『いまは答えられない。あとで答える』と述べている。すなわち，『平和に対する罪』『人道に対する罪』に該当する『A級戦犯』とは，極東国際軍事裁判当局が事後的に考えた戦争犯罪の分類であ

り，法の不遡及や罪刑法定主義が保証されず，法学的な根拠を持たないものであると解釈できるが，政府の見解はどうか」と問うているのである[64]。

しかも，野田は，「わが国が東京裁判を一〇〇パーセント認める立場に立つならば，今後，日本が主体的な外交をやっていくことはできないと思っています。『第二東京裁判』とはいいませんが，検証をもう一回よくやらなければならない」とまでいい切っている[65]。このように，野田は，「いわゆる『A級戦犯』を戦争犯罪人と位置づけ，それを理由に靖国参拝に反対する意見には全く賛同できません。衆参合わせて四回に及ぶ国会決議とサンフランシスコ講和条約などにより，全ての『戦犯』の名誉は回復されているはずです」との持論を展開している[66]。ここで忘れてはならないのは，「一貫して『非自民』の立場で活動をしてきました」とはいいつつも，「一方で保守政治家であるとも自負しています」という野田自身のことばである[67]。

では，集団的自衛権について，野田は，どのような考えを有しているのであろうか。若干長くなるが，野田の認識を正確に把握するためにも，政権交代まえに記された野田の著書から引用したい[68]。

　　問題は，集団的自衛権です。政府見解としては，集団的自衛権は保持しているけれども，憲法上，それは行使できないということになっています。これを踏み越えることができるかどうかが一番の肝です。

　　この問題をクリアしない限り，自衛隊を海外に出す話など，本来はしてはいけないのではないか，と私は思っています。

　　集団的自衛権をフリーハンドで行使できるようにするべきであるというような，乱暴な話は論外です。しかし，いざというときは集団的自衛権の行使に相当することもやらざるを得ないことは，現実的に起こりうるわけです。ですから，原則としては，やはり認めるべきだと思います。認めた上で，乱用されないように，歯止めをかける手段をどのように用意しておくべきかという議論が大切になっていくわけです。

第Ⅰ部　民主党政権下の日米関係

　こうした思いを抱いているからこそ，野田は，「やはり，実行部隊としての自衛隊をきっちりと憲法の中で位置づけなければいけません。いつまでたってもぬえのような存在にしてはならないのです」「国内での自衛隊の位置づけを明確にする。その上で，国際的な枠組みの中で自衛隊をどう活かしていくのかを考えるべきです」との主張を展開する。要するに，野田は，「国民の生命と財産を守るための法整備は，政治家として最低限の仕事だ」と考えているのだ[69]。

　その好例が，テロ対策特別措置法をめぐる野田の発言であろう。野田は，大統領就任まえの「バラク・オバマ氏のブレーンと会合を持った際に，『アフガン作戦で何ができるか示してほしい』と言われた。より良い日米同盟のためにも，この問いはしっかり受け止めて，何ができるかを考えていかなくてはならないと思う」としたうえで，「個人的には，毎回，泥縄式に特別措置法で対応するのは問題だと思う。恒久法について検討すべきだと考えている」との見解を示しているのは，注目に値する[70]。しかも，そのためにも，「いまの自衛隊の経験や実力を見極め，装備の見直し，武器の使用基準についての環境整備などを，時間をかけて深めていかないといけない」との持論を有しているようである[71]。こうした認識が生まれてくる背景には，野田自身が認めているように，「途中で足をけがしてしまい，その後は駐屯地の業務隊に所属し，厚生とか総務関係の仕事をやっていました」という，「昭和五（一九三〇）年生まれの親父は自衛官」であり，「出番はないとはいえ，有事に備えて厳しい訓練をしている精鋭たちの姿を間近に見てきたことは，私の安全保障観を支えており，原体験」といえるものが大きい[72]。また，このような認識が，「『好機』と『リスク』とが交錯する国際環境の中にあって，日本の安全を確保する上で，まず根幹となるのは，いうまでもなく我が国自身が主体的に行う安全保障のための努力です」といった発想を生み出すのであろう[73]。

96

4. 結び

　かつて，日米関係の相対化を訴えていた野田であるが，2011年9月2日の総理大臣就任を目前に出された雑誌論文においては，次のように語っている[74]。

　　我が国自身の努力と並んで，日本の安全保障と外交にとっての最大の資産であり基盤をなすのが日米同盟であることは，論を俟ちません。大震災における「トモダチ作戦」は，五十年の長きに亘り継続し，深まってきた両国の同盟関係の大きな成果です。米軍と自衛隊の共同オペレーションが成功したことで，日米同盟は一段と深化しました。

　　私たちは，日米同盟が，現実的な利益のみならず，民主主義，基本的人権の尊重，法の支配，「航行の自由・サイバー・宇宙空間の保護」といった基本的な価値を共有することを強く自覚しなければなりません。日米同盟は，日本の安全と繁栄に不可欠な役割を果たしているのみならず，アジア・太平洋地域，更には世界の安定と繁栄のための「国際公共財」です。

　　今後も日米同盟を深めることが重要です。国家安全保障と人間安全保障の観点から，両国でのエネルギー分野の連携も焦点になります。強固な日米同盟を基軸として，中国，韓国，ロシアをはじめとする近隣諸国，アジア各国との協力を進め，アジア太平洋経済協力（APEC）など地域協力の枠組みを活用し，アジア・太平洋地域での開かれたネットワークを重層的に発展させたいと思います。

　さらに，首相就任後の雑誌論文では，以下のように論じている[75]。

　　日米同盟は二十一世紀に入ってむしろ進化させるべきものであった。

第Ⅰ部　民主党政権下の日米関係

　だが，その進化を十分に成し遂げてこられただろうか。ことに民主党政権になってからどうだったか。真剣に振り返るべきであろう。もちろんアジア諸国との関係は，ウィン-ウィンの関係であるべきだ。しかし「軸」は，間違いなく日米関係である。そこをきちんと押さえた外交のあり方を再構築していくべきであろう。

　そのために，何が必要か。それは，「自分の国は自分で守る」という覚悟を，あらためてしっかりと固めることである。そのことを大前提としたうえで，日米同盟という大事な関係をしっかりと堅持していく。それが，あるべき安全保障の姿だ。

　古代中国の兵法書である『司馬法』に「国雖大，好戦必亡。天下雖安，忘戦必危（国，大なりといえども，戦いを好まば必ず亡び，天下，安らかといえども，戦いを忘れなば必ず危うし）」という言葉がある。先の大戦以降の日本は，とくにこの「忘戦必危」の覚悟が足りないところが多分にあったように思われる。

　しかも，野田は，同論文のなかで，「いま，この時期に東アジア共同体などといった大ビジョンを打ち出す必要はないと私は考える」と断言し，鳩山の打ち出した東アジア共同体構想を一刀両断にしているのだ[76]。これらの論述からもわかるように，内閣総理大臣のポストを目前とした野田は，従来の日米関係の相対化という持論を封印したように思えてならない。あろうことか，野田は，「政権交代から二年，衆議院の任期満了まで折り返し地点です。私は党内での議論を尽くし，マニフェストも聖域なく見直すべきと考えます」とまで述べ，政権交代時に注目をあつめた，マニフェスト（政権公約）＝"国民との契約"を修正する可能性についても，示唆したのであった[77]。

　このような野田のスタンスが出てくる背景の1つには，鳩山政権時の日米関係の混迷を目のあたりにし，自らが権力を掌握するにあたって，現実主義的な外交路線へと転換していこうとの思いがあったのかもしれない。そうした野田の思いが伝わったのか，ある識者は，「米国のリバランス政策の焦点

98

となったオーストラリアや東南アジア諸国との間でも，海洋安全保障を中心
とした協力関係を深化させることができた」とし，「鳩山政権期に著しく不
信感に覆われた日米関係は，野田政権期にはその基盤が回復した」との高い
評価を与えている[78]。

　だが，その反面で，普天間飛行場移設問題をめぐって，多くの沖縄県民の
意向が尊重されないままのかたちで，野田の対米外交が展開されたこともま
た，事実である。長年にわたって，地域主権という視点を重んじてきた野田
であったが，安全保障の問題をまえにすると，やはり，地方自治体の声は封
じられなければならないとの思いを抱いていたのであろうか。ここで，野田
が松下政経塾時代にあらわした論文である「私論・地方自治のあり方」に再
び注目してみよう。そこで，野田は，「分権の強化が国家社会としての秩序
を乱し，国家の統合を弱めることになってはならない。分権化により，地方
に大いに自主性を発揮させるべきであるが，同時に，国家全体の見地からみ
て，守るべき利害や原則もある。いかに国家の統一を地方の多様性と自律の
中でより良く保つかが，重要なポイントとなる。分権の強化とともに，地方
も含めて国家国民共通の方針＝国是は当然必要であろう。それを，地方の自
主性と整合性あるものにする方法を検討していかねばならない」と述べてい
るのだ[79]。

　野田は，かつて，自著のなかで，「安全保障のことばかり考えて外交がで
きるわけではありません」「成熟した先進国であるアメリカは，自らの価値
観を一方的に押しつけるのではなく，多様性の容認という価値観を持つべき
だと思います」と論じていたが，結局は，《地域益》よりも，《国益》が優先
されるということなのであろうか[80]。もっとも，野田は，同じ著作において，
「民主党はなんでも反対という政党ではありません。たとえば国益に沿うも
の，あるいは人権に関わるようなものなど，また，急を要するような話や，
ある程度『これはしかたがないだろう』という案件もありますから，なにが
なんでも反対という姿勢は無責任です。応じるものには応じてきました」と
記していたが[81]，多くの沖縄県民にとって，普天間飛行場の名護市辺野古へ

第Ⅰ部　民主党政権下の日米関係

の移設は，人権問題そのものであったのだ。その証左に，翁長雄志・沖縄県知事は，2015年9月21日に，「スイス・ジュネーブでの国連人権理事会で登壇し，県民の多数が反対する米軍普天間飛行場（同県宜野湾市）の名護市辺野古への移設が日米両政府によって進められている現状について『沖縄の人々の自己決定権がないがしろにされている状況を，世界から関心をもって見てほしい』と訴えた」のであった[82]。

　こうしてみてくると，野田は，「一貫して『非自民』の立場で活動をしてきました」とはいいつつも，「一方で保守政治家であるとも自負しています」と断言しているように，生来の保守政治家であるに違いない[83]。ということは，野田政権の登場によって，かつての民主党らしさも，失われてしまったといってよかろう。識者が指摘するように，野田政権時の日米関係は，自民党政権下のような安定をとりもどしたのかもしれない。だが，その裏で，民主党自体が喪失したものも大きかったという事実を忘れてはならない。

〔注〕────────────────────────────────

1）『第百七十八回国会　衆議院会議録　第一号（一）』2011年9月13日，7頁。
2）ちなみに，野田は，「与党のトップ，要するに総理，総裁が交代するときには，民意を問う，すなわち総選挙を行う」としたうえで，「小泉さんが選挙で勝った後，安倍，福田，麻生と三人も，民意を反映していない総理大臣が続いてしまいました。間接民主主義の建前からみれば，議院内閣制という制度の中では，違法な政権とまでは言えません。しかし，これだけ時代の変化が激しいときに，民意の裏付けのない政権が，国の舵取りをし続けるということでいいはずがありません」と述べているが，民主党政権下の1,198日間，衆議院選挙は一度も実施されていないことは，注目に値する（野田佳彦『民主の敵―政権交代に大義あり―』〔新潮社，2009年〕，81〜82頁）。
3）『第百八十一回国会　国家基本政策委員会合同審査会会議録　第一号』2012年11月14日，3頁。
4）『朝日新聞』2012年11月13日，1面。なお，不支持率は64％であった（同上）。また，読売新聞社の調査では，野田内閣の支持率は19％で，不支持率は68％という数字が（『読売新聞』2012年11月5日，1面），毎日新聞社の調査では，支持率が23％，不支持率が54％という結果が出ていた（『毎日新聞』2012年11月19日，1面）。

100

5）『読売新聞』1985年3月7日，6面。

6）『朝日新聞』1985年3月19日（夕），3面。

7）『毎日新聞』1993年1月4日，7面。

8）http://www.mskj.or.jp/about/setsu.html（2016年2月25日）。

9）松下政経塾『素志貫徹　内閣総理大臣　野田佳彦の軌跡』（国政情報センター，2012年），14頁。

10）http://www.mskj.or.jp/almuni/（2016年2月25日）。

11）出井康博『松下政経塾とは何か』（新潮社，2004年），12頁。

12）野田，前掲書『民主の敵』，30頁。

　　もっとも，この当時，「自民党の金権体質に我慢ができなくて生まれた」，「新自由クラブがボランティアを募集していることを知り，参加することにしました」と野田自身が述べているように，「具体的にどこかの政党を応援したいという気持ちだけ」はあったようだ（同上，26〜27頁）。

13）松下政経塾，前掲書『素志貫徹　内閣総理大臣　野田佳彦の軌跡』，31頁および33頁。

　　ドキュメンタリー作家の大下によると，「野田が十七歳になった昭和四十九年，田中角栄総理の金脈問題が明らかになった」こともあり，「野田は，月刊『文藝春秋』昭和四十九年十一月号で田中角栄総理の金脈問題を追及し，田中退陣のきっかけを作ったジャーナリストの立花隆に強く憧れ，自らもジャーナリストを目指す」こととなったようだ（大下英治『したたかな「どじょう」野田佳彦研究』〔青志社，2011年〕，119頁）。

14）松下政経塾，前掲書『素志貫徹　内閣総理大臣　野田佳彦の軌跡』，60頁。

15）野田佳彦「総論—政権交代とは，お金の使い方を変えることです。—」藤原直哉・野田佳彦・近藤洋介・山口つよし・松本大輔・蓮舫『国家機能を立て直す—若手政治家が目指す，新しい日本のかたち—』（ファーストプレス，2009年），50頁。

16）大下，前掲書『したたかな「どじょう」野田佳彦研究』，135〜136頁。ただし，卒塾にあたっての代表演説を野田がつとめることになった折り，「塾生による投票などは行われず，自然の流れで野田に決まった」という（同上，141頁）。

17）松下政経塾，前掲書『素志貫徹　内閣総理大臣　野田佳彦の軌跡』，60頁および73〜74頁。

18）『新しい日本の政治・行政を求めて—政経研究シリーズ＜1＞—』（松下政経塾，1982年），ⅰ頁。

19）同上。

20）同上。

21）野田佳彦「私論・地方自治のあり方」同上，115〜116頁。

22）同上，117頁。

23）同上，118〜119頁。

第Ⅰ部　民主党政権下の日米関係

24）同上，119～120頁。

25）同上，120～121頁。

26）同上，121頁および123頁。

27）同上，123～124頁。

28）同上，124～125頁。

29）同上，125～126頁。

30）同上，127～128頁。

31）同上，128～129頁。

32）同上，130～131頁。

33）同上，131～132頁。なお，野田の言及した「千葉県習志野市の地域担当制」とは，「市を十四地区に分割して，これに見合った組織編成，担当職員の配置を行なっている」もので，「一つの地区はさらにいくつかのチームより編成されている。各チームの班員は，税金の担当者もいれば，下水の担当者もいる。こうした地域担当職員たちは，月一回の地域会議において，地域住民と様々な問題を討議する」のであり，そこで，「住民のニーズをくみ取ったり，いろいろな情報を提供する」という（同上，132頁）。

34）同上，132～133頁。

35）同上，133～134頁および136頁。

36）同上，136頁。野田の分権志向の発想は，千葉県議会議員時代，「『時間の分権』という新しい概念」へとつながっていく。このアイデアは，「『長期にわたる権力集中の危険性』についての指摘」であり，「議員の在職年数の制限や，首長の多選禁止など」というものであった（松下政経塾，前掲書『素志貫徹　内閣総理大臣　野田佳彦の軌跡』，129頁）。

37）野田，前掲書『民主の敵』，152頁および155頁。

38）松下政経塾，前掲書『素志貫徹　内閣総理大臣　野田佳彦の軌跡』，78頁。

39）松下政経塾編『松下政経塾　第一期生21世紀・日本への提言』（松下政経塾，1985年）。

40）同上，ⅰ頁。

41）野田佳彦「路地裏から教育を考える―見た，聞いた，歩いた―」同上，88頁。

42）同上，90頁。

43）同上，91頁および93頁。

44）同上，93頁および95頁。

45）同上，96～97頁。

46）同上，97頁および99～100頁。

47）同上，100～102頁。

48）同上，88頁。

49）同上，87頁。

4　野田佳彦首相の考えた日米関係

50）松下政経塾編，前掲書『松下政経塾　第一期生21世紀・日本への提言』，vi頁。

51）松下政経塾，前掲書『素志貫徹　内閣総理大臣　野田佳彦の軌跡』，81～83頁。

52）大下，前掲書『したたかな「どじょう」野田佳彦研究』，240～241頁。

　　なお，国策研究会では，「戦後政治の総決算」をテーマに，東京裁判を取りあげたという。それは，2つの研究会を主宰する，「野田と山田は，東京裁判自体を否定している」からだ。そして，この「国策研究会では，毎回さまざまな論者を呼び，議論を重ねて」，最終的な「報告書は『この国のかたち』という名で本にまとめられている」ようだ（同上，241頁および243頁）。

53）そのためであろうか，野田の財務相就任後も，米国で，「ノダ，フー？」との質問がでることもあったという（同上，324頁）。

54）松下政経塾，前掲書『素志貫徹　内閣総理大臣　野田佳彦の軌跡』，173～175頁。

55）野田，前掲書『民主の敵』。

56）同上，8～11頁。

57）同上，119～120頁。

58）同上，120頁。

59）たとえば，浅野一弘『民主党政権下の日本政治―日米関係・地域主権・北方領土―』（同文舘出版，2011年），17～22頁および32～37頁を参照。

　　もっとも，野田は，「私と菅さんの政治的立場はけっこう違うと思われるかもしれません。おそらく国家観とか歴史観というのは違うと思います」とも述べている（野田，前掲書『民主の敵』，166頁）。

60）野田，前掲論文「総論」藤原・野田・近藤・山口・松本・蓮舫，前掲書『国家機能を立て直す』，34頁。

61）野田，前掲書『民主の敵』，122頁。

62）同上，137頁。

63）http://www.shugiin.go.jp/internet/itdb_shitsumon.nsf/html/shitsumon/a163021.htm（2016年2月25日）。

64）なお，このときの小泉純一郎内閣による答弁書には，「極東国際軍事裁判所の裁判については，御指摘のような趣旨のものも含め，法的な諸問題に関して種々の議論があることは承知しているが，いずれにせよ，我が国は，平和条約第十一条により，同裁判を受諾しており，国と国との関係において，同裁判について異議を述べる立場にはない」と記されていたことを付言しておく（http://www.shugiin.go.jp/internet/itdb_shitsumon.nsf/html/shitsumon/b163021.htm〔2016年2月25日〕）。

65）野田佳彦「小泉首相の靖国参拝は保守の堕落だ」『Voice』2006年4月号，162頁。

66）野田佳彦「保守の"王道"政治を受け継ぐわが決意―『民主党が左旋回することはありません』―」『正論』2009年5月号，89頁。

103

第Ⅰ部　民主党政権下の日米関係

67）野田，前掲書『民主の敵』，6頁。

68）同上，133〜134頁。

69）同上，134〜135頁および139頁。

70）野田佳彦「民主党代表選，不出馬の弁　ボコボコにされてもいいから出たかったこれだけの理由」『中央公論』2008年10月号，99頁。

　　加えて，野田は，日本国憲法のあり方に関連して，「やはり政治の王道として，必要なところは国民にしっかり訴えて改正するべきなのだと思います。今は，基本動作がうまくできないので，解釈という応用動作でその場をやり過ごしている状態です。特別措置法を見ればわかりますが，このようにその都度応用動作で対処する方法には，非常に時間がかかります。それもあまり有意義ではなく，時間を空費しているようにしか，国民からは見えないでしょう」とも語っている（野田，前掲書『民主の敵』，152〜153頁）。

71）野田，前掲書『民主の敵』，136頁。

　　その文脈において，「憲法があって初めて，それを踏まえた個別法が出てきます。その一番根幹の土台の企画書が，時代おくれになっている。あの企画書の読み方はいかようにもできるというのではもうだめだと思います。それこそ百年の大計をつくらないと百年に一度の危機は乗り越えられないというならば，本当は憲法までさかのぼったほうがいいと思います」との野田の考えが導き出されるのであろう（同上，154頁）。

72）同上，130〜131頁。

73）野田佳彦「わが政権構想―今こそ『中庸』の政治を―」『文藝春秋』2011年9月号，100頁。

74）同上，101頁。

75）野田佳彦「わが政治哲学―『この日本に生まれてよかった』と思える国をいかにつくるか―」『Voice』2011年10月号，52頁。

76）同上。

77）野田，前掲論文「わが政権構想」『文藝春秋』2011年9月号，102頁。

　　なお，野田が代表をつとめていたときに行われた第46回衆議院議員総選挙時のマニフェストには，以下のように記されていた（「民主党　政権政策Manifesto（マニフェスト）」〔2012年11月〕，12頁〔https://www.dpj.or.jp/global/downloads/manifesto2012.pdf（2016年2月25日）〕）。

　　【平和国家としての，現実的な外交防衛】
　　　国民の生命・財産を守ることは政府の最も重要な役割の一つです。
　　　「冷静な外交」と「責任ある防衛」を組み合わせ，日米同盟を深化させることにより，守りを確実なものにします。

○外交安全保障の基軸である日米同盟を深化させます。
○嘉手納以南の土地返還の促進など，日米合意を着実に実施し，沖縄の負担軽減を
　すすめます。

　さらに，「マニフェスト政策各論」においても，同趣旨のことが記されている（前掲「民
主党　政権政策Manifesto（マニフェスト）」〔2012年11月〕，22頁）。

【日米同盟のさらなる深化と沖縄の負担軽減を両立させる】
○日本の外交安全保障の基軸である日米同盟を深化させ，同時に経済関係の強化を
　図る。
○在日米軍再編に関する日米合意を着実に実施する。抑止力の維持を図りつつ，約
　9千人の海兵隊員を国外移転し，嘉手納以南の土地返還を促進するなど，沖縄を
　はじめとする関係住民の負担軽減に全力をあげる。民主党政権下ですすめてきた
　日米地位協定の運用改善をさらにすすめる努力を行う。

78）神保謙「外交・安保―理念追求から現実路線へ―」日本再建イニシアティブ『民主
　党政権　失敗の検証』（中央公論新社，2013年），130頁。
79）野田，前掲論文「私論・地方自治のあり方」前掲『新しい日本の政治・行政を求めて』，
　127頁。
80）野田，前掲書『民主の敵』，120～121頁。
81）同上，148～149頁。
82）『毎日新聞』2015年9月22日，2面。この席上，「翁長知事は『沖縄県内の基地は，第
　二次大戦後，米軍に強制接収されたもので，自ら望んで土地を提供したものではない』
　と説明。そのうえで，日本の国土の0.6％の沖縄に，在日米軍専用施設の74％が存在
　することや，米軍に関連する事件，事故などが続いている現状に触れて『自国民の自由，
　平等，人権，民主主義を守れない国が，世界の国々と価値観を共有できるのか』と訴
　えた」という（同上）。
83）野田，前掲書『民主の敵』，6頁。

※なお，本稿は，「2015年度札幌大学研究助成」の成果の一部であることを付言しておく。

5 | 自民党政権下の日米関係

1. はじめに

　専修大学大学院公開講座での講演の際，筆者に与えられたテーマは，「日米同盟関係の新展開─日米首脳会談を手がかりに─」というものであった。だが，この時点では，鳩山由紀夫政権がスタートして，まだ，30日しかたっておらず，しかも，鳩山首相の所信表明演説さえも行われていない状況であった[1]。したがって，残念ながら，鳩山の考える日米関係そのものの方向性が，この段階では，明確とはなっていなかった。

　そのため，講演のタイトルにあった，「新展開」ということばに着目したのである。「新展開」ということは，それまでの経緯があったうえで，新たな展開がみられることを意味する。そこで，いま改めて，これまでの日米同盟関係の歴史をふり返っておくことこそが，今後の新しい展開を知るうえで，きわめて重要となるに違いないと思われるからである。

　さて，本稿においては，同盟という軍事的な側面だけでなく，これまでの日米関係全般に関する検証を行うことが，おもな目的である。その際，講演のサブタイトルにある，日米首脳会談というものに注目してみたい。というのも，これまでに数多く開催されたきた日米首脳会談は，そのときどきの両国間の懸案処理の場として活用されてきたからだ。

※本稿は，「2009年度　専修大学大学院公開講座PART 1 "現代日本政治の『光』と『影』"」における報告「日米同盟関係の新展開─日米首脳会談を手がかりに─」(2009年10月16日)に大幅な加筆・修正を行ったものである。

第Ⅰ部　民主党政権下の日米関係

2. 戦後日米関係の展開

　では，まずはじめに，戦後の日米関係がどのようなかたちで推移してきたのかをみてみよう。

　1951年9月8日，吉田茂政権の時代に米国のサンフランシスコで行われた講和会議の席上，サンフランシスコ平和条約が調印された。これによって，日本は，念願であった国際社会への復帰を果たした。しかし，これとときを同じくして，日米安全保障条約（＝「日本国とアメリカ合衆国との間の安全保障条約」）が締結された（発効：1952年4月28日）ため，日本は，いわば米国の“同盟国”として，西側陣営の一員に組み込まれることとなった。その当時調印された，日米安全保障条約は，きわめて片務的なもので，日本は，米国に対して基地を提供する義務があるものの，他方，米軍による日本の防衛義務については明確に規定されていなかった。この片務性の解消をめざしたのが，のちに登場する岸信介である。

　また，1950年6月25日に勃発した朝鮮戦争は，米ソ東西両陣営による冷戦をいちだんと激化させた。だが，その一方で，日本は，いわゆる「朝鮮特需」によって，経済復興を果たし，その後の経済発展の基盤を形成することとなった。さらに，米国のサポートを受け，日本は，1952年にはIMF（国際通貨基金）に，また，1955年にはGATT（関税および貿易に関する一般協定）に加入した。

　このように，1950年代を通じて，日米関係はきわめて良好な状態にあったといえよう。ただ，1954年3月1日の第五福竜丸事件を契機として，次第に，日本側で，反米感情が拡大していった。しかし，日米関係が危機的状況に陥るといったような事態にまでは発展することはなかった。

　次の1960年代は，安保改定とともに始まったといっても，過言ではない。先に述べたように，片務的な日米安全保障条約は，1960年1月19日に双務的な新しい条約（＝「日本国とアメリカ合衆国との間の相互協力及び安全保障

条約」）へと改定された（発効：6月23日）のだが，日本国内では，安保改定に反対する革新勢力が広範な運動を展開し，ついには，ドワイト・D・アイゼンハワー大統領の訪日を中止に追い込むなど，戦後，初めて日米関係は，危機的状況になった。

　そうしたなかで登場したのが，池田勇人である。池田は，「所得倍増計画」を掲げて，安保闘争に参加した人々の関心を政治（安全保障）問題から，経済問題へと移行させることで，日本国内の政治的混乱の収束をはかった。また，池田は，米国との関係改善にも尽力し，ジョン・F・ケネディ大統領との間で，たとえば，日米貿易経済合同委員会の設置に合意した[2]。

　池田の退陣後，佐藤栄作が，沖縄返還交渉に取り組む。沖縄返還交渉に際して，佐藤は，リチャード・M・ニクソン大統領との間で，いわゆる“密約”を交わしたとされている。この点について，岡田克也・外相が，真相の解明を命じたのは，周知のとおりである。ちなみに，岡田が問題視していた密約とは4つあり，1つが，核兵器を積んだ米国の艦船が日本の領海を通過したり，寄港したりすることが可能であるというもの，そして，2つ目が，朝鮮半島有事の際は，事前協議の適用はなされないというもの，3つ目が，緊急時に，米国は沖縄に核兵器をもち込んでもよいというもの，そして最後の4つ目が，沖縄返還にあたって，日本側が費用負担をするというものだ[3]。

　この沖縄返還の折りに，「縄と糸の取引」がなされたとの声も聞かれた。これは，沖縄を返してもらう代わりに，日本が米国に輸出している繊維（＝糸）の量を規制するというものであった。しかし，佐藤が，この取引をすぐに履行しなかったために，1971年になって，米中接近・新経済政策といった，「ニクソン・ショック」が日本をおそうこととなる。

　ところで，1965年を境として，日本の対米貿易収支は一転して，黒字となる。しかも，1969年には，鉄鋼の輸出自主規制（VER）が取り決められるなど，日米間の経済面での対立も次第に強まってくる。しかしながら，この段階では，これらの個々の経済問題が，日米関係そのものを揺さぶるというようなことはなかった。

第Ⅰ部　民主党政権下の日米関係

　続く1970年代は，前出の「ニクソン・ショック」によって，幕が開ける。
そして，1960年代後半からもち越されていた懸案の"繊維問題"は，1972年1
月3日の日米繊維協定によって，ようやく解決をみるにいたった。この繊維
をめぐる紛争・解決の手法が，その後の日米経済摩擦の対応の原型（プロト
タイプ）といえるものとなる。ともあれ，1972年5月15日には，沖縄が，「核
抜き・本土並み」というかたちで日本に返還され，佐藤は退陣を表明した。

　佐藤のあとをおそった田中角栄政権の誕生は，米国からは，比較的好意的
に受けとめられたといわれる[4]。それは，何よりも，田中が，かつて通産相
として強力なリーダーシップを発揮し，懸案の繊維交渉を曲がりなりにもま
とめあげた実績を米国側が高く評価していたからにほかならない[5]。

　さて，田中政権下の1973年10月6日には，第4次中東戦争が勃発し，「石
油ショック」が生じる。そのため，世界経済は重大な危機に直面することと
なった。疲弊した世界経済を再生・発展させるには，先進各国による政策協
調が必要とされ，1975年11月15日から17日までの3日間，第1回主要先進国
首脳会議（サミット）が，フランスのランブイエで開催される（6カ国）。こ
のとき，日本のサミット参加が認められたことは，すでに日本の経済力が国
際経済システムの一翼を担うまでに拡大したことを物語るものであろう[6]。
だが，その反面，この事実は，第2次大戦後の世界経済をリードした米国の
経済的覇権（＝ヘゲモニー）が衰退の一途をたどってきたことを明確に示す
ものでもあった。

　1970年代後半になると，サミットの場において，「日・独機関車論」が展
開されたように，日本の経済力は，確固たるものとして，国際社会で容認さ
れるようになっていく。なお，この時期は，カラーテレビに代表されるVER
の問題が，日米間の貿易上の懸案事項であった。

　その後，日米間の貿易不均衡はいちだんと拡大し，1980年代に入ると，米
国の要求は，"輸出規制"から"市場開放"へと変化する。こうして，米国の主
張は，次第に保護主義的な色彩を強めていく。とりわけ，1985年を境として，
この傾向は，いっそう顕著となる。これは，この年に，米国が世界最大の債

110

務国へと転落し，代わって，日本が世界最大の債権国となったからだ。さらに，先進5カ国蔵相・中央銀行総裁会議（G5）の場において，「円高・ドル安」のプラザ合意が得られた（9月22日）ものの，米国は，国際経済システムにおける指導的役割を放棄せざるを得ないこととなってしまった。

　こうした国際経済システムの変容を踏まえて，日米間においては，MOSS（市場分野別）協議，自動車交渉，半導体協定，次期支援戦闘機（FSX）問題および牛肉・オレンジ交渉などの争点が浮上した。さらに，1989年5月25日，米国は，日本のスーパーコンピューター，人工衛星および木材製品の三品目を対象として，スーパー301条を発動するなど，日本に対して，日米構造協議（SII）の開催を鋭く迫った。

　このように，米国が，日本市場，ひいては日本社会の変革を強く主張した背景の1つに，「リビジョニスト（日本異質論者）」の台頭を挙げることができる。たとえば，チャルマーズ・ジョンソン，クライド・プレストウィッツ，ジェームズ・ファローズ，カレル・ヴァン・ウォルフレンの4人は，その代表格であって，これらのリビジョニストは，日本を"異質"な存在として捉え，米国政府をはじめとする各国の対日政策の転換を訴えた。

　また，米国では，日本の経済的成功をもたらした，安全保障面での「タダ乗り」に対する批判もあって，日本に，「バードン・シェアリング（責任分担）」を求める声もさらに強まった。その一環として，1978年度からは，「思いやり予算」がスタートしたのである。

　いずれにせよ，東西冷戦という大きな枠組みのなかで推移してきた戦後の日米関係であったが，1991年12月8日に，ソ連が崩壊し，東西冷戦は完全な終焉をみた[7]。ここに，日米両国は，「共通の敵」を失うこととなったわけである。冷戦後の「新世界秩序」の構築に際して，日米両国は地球規模（グローバル）での協力関係を打ち立てることがいっそう期待されるようになった。その文脈ででてきたのが，安全保障面では，1996年4月17日の「日米安保共同宣言」，「新ガイドライン」の合意（1997年9月23日），そして，1999年5月24日の「周辺事態法」の成立である。

第Ⅰ部　民主党政権下の日米関係

3. 日米首脳会談の変容

　先述したように，戦後，日米間では繊維に始まり，鉄鋼，カラーテレビ，自動車，牛肉・オレンジ，半導体，コメといった品目をめぐる"摩擦"が存していた。これらの品目についての摩擦が容易には解決できず，長期化（＝政治問題化）したため，事務レベルでの協議ではない，首脳クラスでの協議を必要とすることがしばしばであった。そのため，日米首脳会談の場において，これらの問題の決着がはかられるというメカニズムが生じたのである。

　もっとも，首脳会談はひとえに経済問題のみを討議する場ではない。安全保障上の争点をはじめ，そのときどきの争点が議題として取りあげられる。とはいえ，戦後の日米首脳会談の力点が経済摩擦問題の解消にあったことは否定しがたい事実である。しかも，近年の会談では経済問題と安全保障上の問題との境界線も不明確となってきており，両者がリンケージしてきている。

　そこで，次に，戦後の日米首脳会談の開催場所などに注目することによって，日米首脳会談の特質を浮き彫りにしたい。

　ところで，日米首脳会談そのものの実態をみるまえに，米国務省のホームページにある，「大統領海外訪問」（Presidential Visits Abroad）という項目に着目してみよう[8]。そこには，1906年11月14〜17日にかけて行われた，セオドア・ルーズベルトのパナマ訪問から，2004年11月30日〜12月1日のジョージ・W・ブッシュによるカナダ訪問までの歴代米国大統領による外遊先が網羅されている。ここで，そのリストのうち，主要8カ国（G8）だけにかぎって，米国大統領の外遊記録をみてみると，きわめて興味深い結果が得られる。

　表1・表2から明らかなように，G8諸国中，米国大統領の外遊先は，歴史的にみても，回数からいっても，イギリスが群を抜いている。もっとも，イギリスの場合，その属領であるバミューダなどへの訪問も含まれているた

112

5　自民党政権下の日米関係

表1　G8諸国への米国大統領の外遊

	最初の訪問 年月日	サミット直前の 訪問年月日	サミット直後の 訪問年月日	最新の訪問 年月日
フランス	1918年12月14日 ～25日	1974年12月14日 ～16日	1978年1月4日 ～6日	2004年6月5日 ～6日
イギリス	1912年11月18日 ～12月13日	1971年12月20日 ～21日	1977年5月5日 ～11日	2003年11月18日 ～21日
ドイツ	1945年7月16日 ～8月2日	1975年7月26日 ～28日	1978年7月14日 ～15日	2002年5月22日 ～23日
日　本	1974年11月19日 ～22日	1974年11月19日 ～22日	1979年6月25日 ～29日	2003年10月17日 ～18日
イタリア	1919年1月1日 ～6日	1975年6月3日	1980年6月19日 ～24日	2004年6月4日 ～5日
カナダ	1923年7月26日	1972年4月13日 ～15日	1981年3月10日 ～11日	2004年11月30日 ～12月1日
ロシア	1945年2月3日 ～12日	1974年11月23日 ～24日	1988年5月29日 ～6月2日	2006年11月15日

注：なお，第1回目のサミットがフランスで開催されているため，当時のジェラルド・R・フォード
　　大統領が，1975年11月15～17日の間，訪仏しているが，これをサミット直前・直後の訪仏と
　　はみなしていない。

め，米国大統領の訪問回数が53回と，ほかの国々よりも多くなる側面がない
わけではない。しかしながら，日本への訪問回数は，G8諸国中，最低の14
回しかない。これは，ロシア（ソ連）への訪問回数の17回をも下回っている。
いうまでもないが，米ソ間においては，40年以上の長きにわたって，冷戦が
存在していた。他方，日本と米国は，1951年9月8日の日米安全保障条約締
結以降，58年にわたる「同盟関係」があった。

　さらに，1975年11月15日から17日の間，フランスのランブイエで開催され
た，第1回サミットを境として，G8諸国への米国大統領の訪問回数をわけ
てみると，サミット以前の訪日は，わずか1回しかない。これこそが，日米
関係の実態なのだ。

113

第Ⅰ部　民主党政権下の日米関係

表2　G8諸国への米国大統領の外遊回数

	サミット直前 までの訪問回数	サミット直後から 2004年12月末までの訪問回数	合計訪問回数
フランス	18回	21回	39回
イギリス	34回	19回	53回
ド イ ツ	8回	19回	27回
日　　本	1回	13回	14回
イタリア	8回	15回	23回
カ ナ ダ	18回	17回	35回
ロ シ ア	4回	13回	17回

注：なお，第1回目のサミットがフランスで開催されているが，これをサミット直前の訪仏とはみな
　　していない。したがって，このときの訪仏は，「サミット直後から2004年12月末までの訪問回数」
　　のほうに含まれている。

　次に，日米関係の変容について，論じてみたい。そこでまず，首脳会談そ
のものの定義づけを行っておこう。たとえば，『国際政治経済辞典』によれば，
複数国の首脳（通常は首相，大統領）によって開催される会談を一般に，首
脳会議ないしは首脳会談とよんでいるようである。その際，首脳会議と首脳
会談の相違点は，参加国数，議題および会合運営の形式であって，一般的に，
少数国間の首脳による会合は，首脳会談とよばれている。首脳会談は，首脳
同士の会合であるため，いきおい，マスコミおよび世論の関心もきわめて高
く，合意事項の宣伝効果も大きいとされる[9]。なお，今回，対象とする日米
首脳会談は，もちろん，日本の首相（または首相臨時代理）と米国の大統領
との間で行われた会談をいう。

（1）初めての日米首脳会談

　ちなみに，日本の首相と米国の大統領が初めて会談したのは，1951年9月
4日である。場所は米国のカリフォルニア州サンフランシスコで，日本側か
らは当時の首相・吉田が，他方の米国側からは当時，大統領であったハリー・

114

S・トルーマンが出席した。そして，吉田・トルーマン両首脳による会談がもたれた。ちなみに，この首脳会談が行われたとき，同じサンフランシスコの地では，日本の独立を話し合うための講和会議が開かれている。講和会議は，サンフランシスコ市内のオペラハウスで行われたが，その開会式のあと，近くのパレスホテルで米国全権団主催のレセプションが開催され，その場で吉田とトルーマンが話をした。これこそが，第1回目の日米首脳会談にあたる。

　当時の新聞報道に目をやると，たとえば，『毎日新聞』には，「トルーマン米大統領は4日夜パレス・ホテルで開かれたレセプションで吉田全権及びその他の日本全権らと40分にわたり会見した。この会見は特に別室で行われ，日本人記者団も立会った」と記されている[10]。また，『日本経済新聞』も同様に，「4日午後8時からパレス・ホテルで開かれた米国務省主催の公式レセプションの際，トルーマン米大統領は吉田首席全権と別室で約40分間にわたつて歓談した」ことを報じている[11]。ただ，『日本経済新聞』には，「このレセプションにはドッジ氏も出席，日本全権団と歓談した」と書かれており，会談に，デトロイト銀行頭取をつとめたジョセフ・ドッジも同席していたことがわかる。

　おそらく，このときの模様をいちばん詳細に伝えているのは，『読売新聞』であろう[12]。若干長くなるが，その部分を紹介しよう。

　　　トルーマン大統領と吉田首相は4日行われた大統領招待の各国代表のレセプションの際に会見した，サンフランシスコ会議に来ている各国首脳のうち国家主席はトルーマン大統領と吉田首相だけであるが，この両者は大統領が各国代表団の主な人々と会見したレセプションの席上で会ったものである

　　　戦勝国である合衆国の大統領が戦いに敗れいま復興しつゝある国民の指導者に直接歓迎の手を差し伸べたのは第2次大戦後始めてのことであった，2人は約5分間なごやかに歓談した

第Ⅰ部　民主党政権下の日米関係

　　あるアメリカ人は，会見は"非常に愉快"そうに見えたと言い，また吉
　田首相はトルーマン大統領に対日講和会議を公式に開幕させた大統領の
　演説を喜んでいる旨告げたと語った，また大統領と吉田首相は握手をし
　た，これについて大統領は再び日本は自由国家の仲間に入れられるべき
　であり，合衆国は講和会議が速かに成功裏に終ることを期待している旨
　を繰り返したものと了解されると言った
　　　さらに同筋は大統領は首相に向い，いまや水に流し忘れ，太平洋に
　　平和を再建するという骨の折れる任務を開始する時期である旨告げた
　　と伝えられると言った

　このように，同じ会談について報じた記事であるものの，その描写が異な
っているのだ。ちなみに，このとき，吉田の娘である，麻生和子がその場に
いたそうであるが，麻生によれば，2人は「ほんの挨拶をしただけだ」とさ
れる[13]。そこで，いずれの報道が真実であるかに関して，調査したのだが，
当時の関係者の大半が没しており，真実はいまなお謎のままである。だが，
いずれにせよ，このとき，初めて，日本の総理大臣と米国の大統領が直接，
顔を合わせたということだけは，事実である。それゆえ，本稿では，この吉
田・トルーマン会談を第1回目の日米首脳会談としているのだ。

（2）日米首脳会談の変容[14]

　ところで，戦後の日米関係の基本的な枠組みを形成したのは，初めての実
質的な首脳会談となった吉田とアイゼンハワーによる会談（1954年11月9日）
においてである。その枠組みとは，米国が日本の国際社会への復帰を援助し，
一方，日本は東西冷戦のなかで，米国のアジアにおける前線基地としての役
割を担うというものであった。両首脳は反共を基調とする初の日米共同声明
を発表し，そのなかで，日本は対米協調姿勢を明確にし，他方で，米国は，
対日援助強化を約束した[15]。
　このときに形成された路線は，次の岸とアイゼンハワーとの会談（1957年

5 自民党政権下の日米関係

6月19・21日）での岸による「国防の基本方針」と「第1次防衛力整備計画」，さらには，“自主的防衛努力”の決意表明[16]，そして両首脳の2回目の会談（1960年1月19・20日）における日米新安全保障条約へと連なっていく。

岸政権の退陣を受けて登場した池田は，「所得倍増計画」をスローガンに掲げる。そして，池田政権のもとで，日本は高度成長時代に突入する。なお，この時期に行われた池田・ケネディ会談（1961年6月20・21日）では，「イコール・パートナーシップ」がうたわれ，日米関係は協調の時代に入ったといわれた[17]。

この協調関係が結実した例としては，佐藤政権下における小笠原返還および沖縄返還といった“戦後処理”の成果を挙げることができる。しかしながら，他方で，1967年11月14・15両日に行われた佐藤とリンドン・B・ジョンソンの会談において，日本側は，米国のベトナム政策への支持と東南アジア援助の拡大を表明せざるを得ず，日本は，次第に，米国のアジア政策の“補完的役割”を負わされることとなるのだ[18]。

とりわけ，沖縄返還が本決まりになった佐藤とニクソンとの会談（1969年11月19・20・21日）の際に発表された共同声明では，韓国や台湾の安全は，日本にとって重要であることを指摘した条項が盛り込まれるなど，極東における日本の防衛責任の強化がいちだんと迫られた[19]。

ところで，先にも述べたように，日本の対米貿易収支が赤字から黒字に転じたのは，佐藤政権下の1965年のことである。そして，1978年には，対米輸出が100億ドルを突破し，1986年には，ついに，500億ドルを超えるまでになった。それ以降，米国の対日要求は，単なる輸出制限にとどまらず，日本の産業界の構造是正問題にまで発展していく。

そうしたなか，首脳会談の場において，経済が中心課題になりだしたのは，日米繊維交渉再開で合意した佐藤・ニクソン会談（1970年10月24日）以降である。なお，日米繊維交渉の前後に生じた，「ニクソン・ショック」は，日米関係をきわめて険悪なものとしたが，その後，日米両国は首脳会談を通じて，その修復につとめた。しかし，1972年8月31日・9月1日の2日間にわ

第Ⅰ部　民主党政権下の日米関係

たって行われた，田中とニクソンとの会談では，日本は，輸入促進を約束したにもかかわらず，その1年後には，「石油ショック」が世界をおそい，米国はいちだんと対日圧力を強める。

歴代総理のなかでも，日米間の最大の問題であった，経済摩擦でいちばん頭を悩ましたのは，中曽根康弘であろう。とりわけ，1987年4月30日・5月1日の中曽根とロナルド・W・レーガンとの会談の際には，東芝機械のココム（対共産圏輸出統制委員会：COCOM）違反事件が契機となり，中曽根の米国滞在中に，連邦議会の下院によって，包括通商法案が圧倒的多数で可決されている。さらに，この時期，FSXの問題も未解決のままであった。しかし，その反面で，日米両国は，政治・軍事的にいっそう緊密な関係となり始めたことにも留意する必要がある。

その後，竹下登政権のもとでは，建設市場開放問題や牛肉・オレンジの輸入自由化，また，宇野宗佑政権下では，電気通信市場開放問題などが，日本側の大幅な譲歩によって，決着をみた。さらに，海部俊樹とジョージ・H・W・ブッシュとの会談（1990年7月7日）では，初めてコメ問題が言及される。また，1992年1月8・9両日に行われた，宮沢喜一とブッシュとの会談では，1994年度の米国製自動車部品の輸入額をおよそ190億ドルにするとの文言が，「行動計画（アクション・プラン）」に盛り込まれた[20]。そして，1993年7月6・9日の宮沢とビル・クリントンとの会談において，SIIに代わる新経済協議機関の枠組みづくりが焦点となるなど，経済摩擦問題が，日米首脳会談の中心議題になってきたのは否定しがたい事実である。

一方，安全保障問題に関しては，1980年5月1日の大平正芳とジミー・J・E・カーターとの会談で，大平が，日米は"共存共苦"せねばならないと発言したのをきっかけに[21]，次の鈴木善幸とレーガンによる会談（1981年5月7・8日）終了後の共同声明において，初めて，「日米両国間の同盟関係」が明記された[22]。鈴木は，帰国後，この文言は軍事的側面を含まないと釈明したものの，当然含まれるとの立場をとる外務省との間で，大きな軋轢が生じ，当時の伊東正義・外相が辞任するという事態にまで発展した[23]。

118

そして，中曽根政権の時代には，レーガンとの初会談（1983年1月18・19日）で，中曽根が，日米両国は"運命共同体"と発言し[24]，また，『ワシントン・ポスト』の幹部との朝食会では，"全日本列島を不沈空母に"と述べて[25]，物議をかもした。

(3)日米首脳会談の特質

次に，日米関係の不均衡を示す好例として，日米首脳会談の開催場所に着目したい。

2009年9月23日，鳩山とバラク・オバマによる日米首脳会談が，ニューヨークで開催された。この首脳会談は，1951年9月4日に行われた吉田とトルーマンの首脳会談（米国カリフォルニア州サンフランシスコ）から数えて，実に106回目にあたる[26]。

ここで，日米首脳会談の開催場所に注目すると，
- ・ワシントンDC ……………………………………………39回（36.8％）
- ・ワシントン以外の米国の都市……………………………23回（21.7％）
- ・米国，日本以外の国………………………………………28回（26.4％）
- ・日本…………………………………………………………16回（15.1％）

となっている。この数字から，戦後の106回の首脳会談のうち，62回（58.5％）もの会談が，米国において開かれていることがわかる。

しかも，日本での16回の日米首脳会談に注目すると，米国大統領が首脳会談そのものを目的として来日したのは，わずか5回（全首脳会談の4.7％）のみである。5回はサミット出席のためであり，3回は葬儀への参列，そして，3回はAPEC（アジア太平洋経済協力会議）関連での訪日ということになる。

では，次に，2000年代にのみ着目してみよう。2000年代は，28回の首脳会談がもたれているが，開催場所は以下のようになっている。
- ・ワシントン………………………………………………… 8回（28.6％）
- ・ワシントン以外の米国の都市…………………………… 5回（17.9％）

第Ⅰ部　民主党政権下の日米関係

表3　日本における日米首脳会談

回　数	年　月　日	目　的
第 1 回	1974年11月19・20日	◎
第 2 回	1979年 6 月25・26日	サミット
第 3 回	1980年 7 月 9 日	葬儀
第 4 回	1983年11月 9 ・10日	◎
第 5 回	1986年 5 月 3 日	サミット
第 6 回	1989年 2 月23日	葬儀
第 7 回	1992年 1 月 8 ・ 9 日	◎
第 8 回	1993年 7 月 6 ・ 9 日	サミット
第 9 回	1996年 4 月17日	◎
第10回	1998年11月20日	APEC関連
第11回	2000年 6 月 8 日	葬儀
第12回	2000年 7 月22日	サミット
第13回	2002年 2 月18日	◎
第14回	2003年10月17日	APEC関連
第15回	2005年11月16日	APEC関連
第16回	2008年 7 月 6 日	サミット

・米国，日本以外の国……………………………………………… 9 回（32.1％）
・日本…………………………………………………………………… 6 回（21.4％）

　2000年代の数字だけをみれば，日本においても比較的，首脳会談が開催されるようになったといえなくはない。しかしながら，来日の目的別にみると，純然たる首脳会談への出席が 1 回，サミット出席が 2 回，葬儀への参列が 1 回，APEC関連の訪日が 2 回となっており，依然として日本の「米国追随外交」の感がぬぐえない。

120

ところで，日本での第1回目の日米首脳会談は，1974年11月19・20日である。このときは，ジェラルド・R・フォードが来日した。しかし，実は，これ以前に，日本での"幻"の日米首脳会談とでもよぶべきものがあった。それは，1960年に予定されていた，アイゼンハワーの来日である。この年の1月19日に，ワシントンで日米新安全保障条約が締結され，同年6月19〜22日には，同大統領が訪日するということが，政治スケジュールにのぼっていた。しかし，6月というと，国会周辺は安保改定反対を唱える人々が連日，デモ行進を行い，きわめて緊迫した雰囲気であった。現に，アイゼンハワー来日のための下見にきた，ジェームズ・ハガチー大統領新聞係秘書は飛行機から降り立ち，車に乗り込んだものの，デモ隊に取り囲まれ，結局，ヘリコプターで米国大使館に移動したほどであった。そのようななかで，当時の首相・岸は，大統領の身の安全を保証できないという理由で，アイゼンハワーの来日を断ったのである。これが，1960年に予定されていた日米首脳会談を"幻"とよんだゆえんだ。その後，とうとう14年もの間，米国大統領が日本の土を踏むことはなかった。そして，ようやく，1974年になって米国の大統領が歴史上，初めて日本を訪問したわけである。ちなみに，この1974年の首脳会談は，吉田・トルーマンの第1回会談から数えて，16回目にあたる。

　このとき，日本では，田中の金脈問題が話題となっており，フォードの訪日を待って，田中は辞意を表明した。田中までの歴代総理をみていると，たいてい，ある大きな政治課題などを達成し，それを花道に総理大臣をやめるというパターンが多かったといえる。たとえば，岸は，念願の安保改定をやってのけてから，退陣したし，佐藤は，沖縄返還を達成して，職を辞した。かつては，このように"首相花道論"とでもいうべきものがあったものの，最近の首相は，花道がないうちにやめていき，前任の総理大臣がいったいだれであったのか，簡単には，思い出せないといったような状況になっている。こうした傾向は，とりわけ，リクルート事件を契機に退陣を表明した竹下政権以降，顕著であるような気がしてならない。

　さて，話をもとにもどそう。次に，10年ごとのスパンで日米首脳会談の回

第Ⅰ部　民主党政権下の日米関係

数をみてみると，以下のようになっている。

- ・1950年代……………………………… 3回（前半： 2回，後半： 1回）
- ・1960年代……………………………… 6回（前半： 3回，後半： 3回）
- ・1970年代………………………………15回（前半： 7回，後半： 8回）
- ・1980年代………………………………24回（前半： 9回，後半：15回）
- ・1990年代………………………………30回（前半：15回，後半：15回）
- ・2000年代………………………………28回（前半：16回，後半：12回）

　これらの数字からも明らかなように，1980年代後半以降，日米首脳会談の実施回数は大幅に増加している。これらの数値の増加は，日米経済摩擦の激化と軌を一にしているとみてよい。

　次に， 1年ごとの首脳会談の実施回数に注目してみる。

- ・ 5回………………………………………1996年
- ・ 4回………………………………………1989年，1993年，2000年，2001年，
  2007年
- ・ 3回………………………………………1974年，1983年，1985年，1987年，
  1988年，1990年，1992年，1994年，
  1997年，1998年，2002年，2004年，
  2009年

　日米間で争点が浮上した場合，もちろんその年のみ（1年間）で問題が終結するというわけではない。しかし， 1年のうちに首脳会談が数多く行われているというのは，それなりの理由があるはずだ。つまり，1987年から1990年までは，とりわけ経済摩擦が激化したために，日米首脳会談の実施回数が多かったのである。このように，日米首脳会談の開催年は，両国間において，経済摩擦が激化した時期と符合している。

　ここで，若干，視点を変えて，これまでの首脳会談に出席した日米両国の首脳の人数を挙げておくと，日本側は25人（首相臨時代理 1人を含む）で，他方の米国側は12人となっている。このうち，もっとも多く首脳会談に出席した日米両国の首脳は，日本側においては，小泉純一郎で，13回となってい

122

る[27]。他方の米国側は，クリントンの26回が最多であり，これに，ブッシュ（息子）の21回が続く。もっとも，いずれの首脳のときの日米首脳会談の回数が多いかに関しては，政権を維持した年月や就任時の時代背景の違いなどがあるため，一概にこの数字だけをもって，首脳会談の特徴を論じることはできない。とはいうものの，ただ1つ留意したいのは，日本側で最多の回数をほこる小泉政権時の米国側のカウンターパートは，ブッシュただ一人であったのに対して，米国側でもっとも首脳会談にのぞんだ回数の多いクリントンの日本側カウンターパートは，実に6人にも及んでいるという点である。実際に，クリントンとの間で日米首脳会談を行ってはいないものの，クリントン政権時には，羽田孜内閣も存在したことを考え合わせると，クリントン政権期に日本側の首相は7人もいたことがわかる。しかも，先述したように，これまで首脳会談に出席した首脳の数は，日本側25人，米国側12人だが，日本側では，羽田のように，日米首脳会談を行っていない首相（鳩山一郎，石橋湛山）もいるのだ。ということは，1951年9月以降，日本側の首相は28人いたのに対して，米国側大統領はわずか12人しかいなかったということになる。これは，米国の大統領と比べて，いかに日本の首相の政権基盤が脆弱であるかを端的に示しているといえよう。

ここで，戦後の日米関係を考える際，かならずといっていいほど，登場した「外圧」ということばについてふれておきたい。「外圧」は，争点によって，次の4つのタイプに分類することができる。

①VERを求める圧力
②市場開放を求める圧力
③貿易黒字の縮小を求める圧力
④構造変革を求める圧力

これらの「外圧」が，依然として消滅しない最大の理由として，安全保障面における「日米大従属システム」に注目する必要があろう。これは，日米関係に詳しい原彬久・東京国際大学教授によるアイデアであり，日本が日米安全保障条約によって"保護"されているために，米国の存在なくしては日本

第Ⅰ部　民主党政権下の日米関係

の安全を守ることができないという発想に陥ってしまっている状態をさす[28]。加えて，こうしたシステムの維持を可能としている背景には，軍事的な側面が，高次元（ハイ・ポリティクス）の問題であって，低次元（ロー・ポリティクス）の経済問題を犠牲にするのは仕方がないという発想も関係している。このことも，戦後日米関係の重要な一側面であろう。

4. 結び

　以上，「日米同盟関係の新展開」を考えるうえで重要となる，戦後の日米関係の推移をみてきた。

　最後に，簡単に，鳩山の対米観の一端を紹介したい。第45回衆議院議員総選挙（2009年8月30日）の折りに提示された民主党のマニフェスト（政権公約）「Manifesto2009」には，「緊密で対等な日米関係を築く」としたうえで，「日本外交の基盤として緊密で対等な日米同盟関係をつくるため，主体的な外交戦略を構築した上で，米国と役割を分担しながら日本の責任を積極的に果たす」「米国との間で自由貿易協定（FTA）の交渉を促進し，貿易・投資の自由化を進める。その際，食の安全・安定供給，食料自給率の向上，国内農業・農村の振興などを損なうことは行わない」「日米地位協定の改定を提起し，米軍再編や在日米軍基地のあり方についても見直しの方向で臨む」との文言が記されていた[29]。

　加えて，衆議院選挙をまえに，鳩山が刊行した論文のなかでも，「日米安保体制は，今後も日本外交の基軸でありつづけるし，それは紛れもなく重要な日本外交の柱である」と明記されている[30]。

　この文脈で，鳩山は，2009年9月23日のオバマとの会談において，「自分の内閣でも日米同盟を日本外交の基軸として重視していく考えを伝達」したわけであるし，「日米安保体制はアジア太平洋地域の平和と安定の礎であり，日米安保を巡るいかなる問題も日米同盟の基盤を強化するかたちで，緊密に協力したい」「日米同盟を基軸としつつ，アジア諸国との信頼関係の強化と

124

地域協力を促進していく」と述べたわけである[31]。

　だが，かつて，鳩山が発表した論文では，「過去50年間の日米関係は主従関係でありつづけてきました。日米同盟は今後予見しうる将来にわたって維持すべきです。自立と孤立を混同してはなりません。しかし，同盟のマネジメントはより対等で自立したものに進化させるべきです。新ガイドラインの実効性を高めるなど，日本が果たす役割はある意味でいま以上のものになっていきますが，その一方で，両国の外交安保戦略の策定においては日本の声がもっと反映されるようにすべきです。また，在日米軍基地の整理・縮小や財政的接受国支援の抜本的削減，日米地位協定の改定など『平成の条約改正』を求めていくべきだと思います」と断じられている[32]。そのため，鳩山が懸案である普天間飛行場の移設問題において，自ら強力なリーダーシップを発揮し，米国側との交渉にあたってくれるとの期待を抱いていた者は多かったはずである。だが，結局は完全に期待を裏切られるかたちとなってしまったことは，周知のとおりである。

〔注〕

1）ちなみに，鳩山の所信表明演説は，10月26日に，実施されている。

2）同委員会の評価については，たとえば，浅野一弘『日米首脳会談と「現代政治」』（同文舘出版，2000年），63〜66頁を参照されたい。

3）密約と政権交代の関係については，浅野一弘『日米首脳会談の政治学』（同文舘出版，2005年），33〜36頁および浅野一弘『現代日本政治の現状と課題』（同文舘出版，2007年），225〜226頁を参照のこと。

4）*The New York Times*, Sep. 3, 1972, p. E12.

5）Roger Buckley, *US–Japan Alliance Diplomacy 1945–1990*（Cambridge：Cambridge University Press, 1992），p.129.

6）第1回サミットに関しては，浅野一弘『日米首脳会談と戦後政治』（同文舘出版，2009年），184〜188頁を参照されたい。

7）すでに，1989年12月2・3両日には，地中海の島マルタで，米ソ首脳会談が開催され，ジョージ・H・W・ブッシュ大統領とミハイル・ゴルバチョフ最高会議議長（共産党書

記長）との間で，冷戦の終結が高らかにうたいあげられた。

8）http://www.state.gov/r/pa/ho/trvl/pres/index.htm（2009年1月15日）。

9）西原正「首脳会議・首脳会談」川田侃・大畠英樹編『国際政治経済辞典』（東京書籍，1993年），310〜311頁。

10）『毎日新聞』1951年9月6日，1面。

11）『日本経済新聞』1951年9月6日，1面。

12）『読売新聞』1951年9月6日，1面。

13）鈴木健二『歴代総理，側近の告白―日米「危機」の検証―』（毎日新聞社，1991年），274頁。

14）以下の記述は，『朝日新聞』1989年8月27日，2面の記事によっている。

15）同上，1954年11月11日，1面。

16）外務省編「特集2 岸総理の米国訪問」『わが外交の近況』（1957年），45頁。

17）『朝日新聞』1961年6月23日，1面。

18）外務省編「資料」『わが外交の近況』第12号（1968年），23〜24頁。

19）外務省編『わが外交の近況』第14号（1970年），399〜401頁。

20）『朝日新聞』1992年1月10日，5面。

21）同上，1980年5月2日（夕），1面。

22）外務省編『わが外交の近況』第26号（1982年），465頁。

23）この点に関して，たとえば，佐々木良作・元民社党委員長が，「彼（鈴木）が総理のとき，安保条約は軍事同盟ではないと発言した。内外から反発が出た。中曾根も批判したな。それが動機で善幸さん，総理を退陣した。後，中曾根内閣だ。中曾根さんもこの後始末には，対米交渉などで苦労した。前内閣の外交失敗の後始末が大変だったと中曾根さんがいっている」（カッコ内，引用者補足）と語っているように，日本国内の政治的混乱が，日米関係そのものにも，大きな影響を与えたことを付言しておく（矢野絢也『闇の流れ―矢野絢也メモ―』〔講談社，2008年〕，60頁）。

24）『朝日新聞』1983年1月19日（夕），1面。

25）同上，1983年1月20日，1面。

26）その後，2009年11月13日に，鳩山・オバマ会談が東京で開催され，さらに，2010年6月27日には，菅直人首相とオバマ大統領との会談が，カナダ（トロント）で，そして，11月13日には，東京で行われており，日米首脳会談の回数は，通算で，109回となっている。

27）この次に多いのが，中曽根の12回である。

28）原彬久『日米関係の構図―安保改定を検証する―』（日本放送出版協会，1991年）を参照されたい。

29）「民主党　政権政策Manifesto」（2009年7月），22頁（http://www.dpj.or.jp/special/

manifesto2009/pdf/manifesto_2009.pdf〔2009年9月25日〕)。

30) 鳩山由紀夫「私の政治哲学―祖父・一郎に学んだ『友愛』という戦いの旗印―」『Voice』2009年9月号，139頁。

31) http://www. mofa. go. jp/mofaj/area/usa/visit/0909_sk.html（2009年9月25日）。

32) 鳩山由紀夫「『自立』『責任』『共生』」『Voice』2001年1月号，148頁。

第Ⅰ部 民主党政権下の日米関係

補　論

　上記の講演から今日（2010年12月）までの情勢を踏まえて，鳩山政権下の日米関係に関して，簡単にふれておきたい。

　2010年は，1960年1月19日に，米国の首都ワシントンで，岸首相が，日米新安全保障条約を調印してから，50年という節目の年にあたる。そのため，日米間では，2009年11月13日の鳩山・オバマ会談後の共同記者会見の場においても，「日米安保50周年は，我々が何を成し遂げてきたかを一歩離れて熟考し，我々の友情を祝うだけではなく，21世紀に向けて同盟を更新し，活気づける方途を探す重要な機会を提供する」との発言が，オバマによってなされた[1]。また，鳩山も，「日本国とアメリカ合衆国との間の相互協力及び安全保障条約（日米安保条約）の署名50周年に当たっての内閣総理大臣の談話」（2010年1月19日）のなかで，「私は50周年を記念する年に当たり，日米安保体制を中核とする日米同盟を21世紀にふさわしい形で深化させるべく，米国政府と共同作業を行い，年内に国民の皆様にその成果を示したいと考えます」と述べている[2]。

　こうした日米間の「同盟の深化」がはかられるなか，普天間飛行場の移設問題をめぐっては，鳩山政権内で迷走が続いた。たとえば，平野博文・官房長官は，2009年10月19日の記者会見の席上，「民意の反映として名護市長選がある」と語っていたものの[3]，実際に，名護市長選挙で，移設反対派の稲嶺進候補が当選を決めた翌日（2010年1月25日）には，「1つの民意としてあるのだろうが，そのことも斟酌（しんしゃく）してやらなければいけないという理由はない」と応じ，反発を買うかたちとなった[4]。

　鳩山政権では，「地域主権」の確立を「鳩山内閣の一丁目一番地」に掲げておきながら，普天間の移設問題では，このように，地元の人たちの感情を逆なでするような発言がみられるなど，内閣としての方向性がまったくみえてこない状態にあった。これはいうまでもなく，鳩山自身が，この問題をど

128

のようなかたちで解決したいのかについての具体策をいっさい示さないことによって生じているといっても過言ではなかろう。この問題に関して，鳩山は，初の施政方針演説（1月29日）において，「政府として本年（2010年）5月末までに具体的な移設先を決定することといたします」（カッコ内，引用者補足）と明言したが[5]，普天間飛行場の騒音や危険と隣り合わせで生活している人たちのためにも，鳩山は，リーダーシップを発揮し，この問題を一刻もはやく解決すべきであった。

なお，鳩山のいう「同盟の深化」ということばに関して，安全保障問題の専門家である森本敏・拓殖大学海外事情研究所所長は，次のように語っている。若干長くなるが，きわめて興味深い指摘であるので，当該部分をすべて引用する（〔　〕内，引用者補足）[6]。

　本来，同盟というのは，共通の敵に対する対応のための国家関係として，ヨーロッパで17世紀以降に発達した概念ですが，去る1996年の日米安全保障共同宣言で，共通の敵ではなくて，日米両国が共有する共通の価値観をどうやって強め，広げていくかということに日米同盟の趣旨を置こうとして，同盟の再定義をしたわけです。これは，同盟の対象が同盟国の外にあるのではなく内側にある。内なる同盟という考えだと思うんです。つまり日米間で共有できる価値観，自由とか平等とか民主主義とか共有する価値を追求することに同盟の目的を置く。

　さらに，この同盟を深化させるために，今回〔2009年11月13日の東京での日米首脳会談〕の総理の発言は同盟をもっと広い分野に広げていく。同盟にもし輪があるとすれば，一番の中核に同盟の本来の共通の価値観だとか，脅威というものに対応できる狭い意味の同盟があり，その外側に多国間協力を行うための安全保障面での同盟協力というのがあるわけです。

　これは，例えば，紛争解決だとかPKO（国連平和維持活動）だとか災害救助だとかテロ対策だとか海賊対処だとか，あるいは兵器の不拡散

だとかいう安全保障の分野ではあるけれども狭い意味での同盟というのではなくて，もう少し多国間で行うべき同盟協力というのがあって，そのさらに外側に安全保障とはいいがたいような，例えば，医療・保健とか教育とか環境とかいう分野がある。これは別に同盟国でなくたって，医療・保健だとか教育とか環境というのは協力を進めることができるわけで，そこまで同盟を広げるということは，つまり同盟を水平的に広げていくことによって同盟の深化と言っておられるように見えるんです。

　そうではなくて，同盟というのは，例えば，有事・非常事態における日米協力，日米韓協力といった側面で同盟協力の内容を充実させ，中身を拡充するというのであり，横なる広がりではなく，縦への広がりという，垂直的な同盟の拡充をしないと，日米同盟の深化というのは言葉どおりにはならないと思うんです。そこがどうも総理の説明から抜けていると思うんです。

〔注〕

1 ）http://www.kantei.go.jp/jp/hatoyama/statement/200911/13 usa_kaiken.html（2010年2月7日）。

2 ）http://www.kantei.go.jp/jp/hatoyama/statement/201001/19danwa.html（2010年2月7日）。

3 ）『朝日新聞』2009年10月19日（夕），6面。

4 ）同上，2010年1月26日（夕），1面。

5 ）『第174回国会　衆議院会議録　第4号』2010年1月29日，5頁。

6 ）森本敏「徹底検証　鳩山政権と日米同盟関係」森本敏監修『漂流する日米同盟―民主党政権下における日米関係―』（海竜社，2010年），90〜91頁。

第II部

民主党政権と「地域主権」

民主党政権と「地域主権」

1. はじめに

　日本を代表する憲法学者であった宮沢俊義は、「日本国憲法の大きな特色のひとつは、地方自治について、1章4箇条の規定を設けたことである」と述べている。しかしながら、宮沢によれば、「地方自治は、国の政治体制の内部での制度であるから、いくら地方の自主性を主張するといっても、その自主性にはおのずから限界があり、国の政治体制の統一性を害する程度に至ることが許されていないのは、いうまでもない」のであって、「単純に中央集権に抵抗し、中央の統制から独立することが、地方自治の本旨に忠実なゆえんだと考えるのは、もちろんまちがっている」とのことだ[1]。

　加えて、宮沢は、「『地方のことは地方で、その地方の住民の手で』というような単純な標語だけでは、かたつかなくなっていることを、つねに頭に置かなくてはなるまい」と断じたうえで、次のように言及している[2]。

　　とりわけ、国の社会国家的任務との関連において、地方自治を考える
　　―ときには、考え直す―ことが要請されると思う。国がそういう任務を
　　果たすためには、多くの複雑な立法的ないし行政的な措置が必要となる。
　　そして、それらの措置は、しばしば、伝統的な「地方」を超えた規模で
　　なされることを要求し、その結果として、多かれ少なかれ、従来の地方
　　自治に対して、あるいは地域的に、あるいは事項的に、食いこむことを
　　余儀なくされる。しかし、こうした食いこみは、憲法の高くかかげる社

第Ⅱ部　民主党政権と「地域主権」

会国家の理念の実現のために不可欠なものであり，決して地方自治の本旨に反するものではないだろう。

　宮沢によるこうした指摘は，もともと，1964年刊行の『自治研究』（第40巻第10号）に収められていたものであり，いまからほぼ50年まえのものである。だが，このような文脈にそって，地方自治のあり方を変えていこうというのが，民主党政権の掲げる「地域主権」の方向性であろう。ということは，民主党のめざす「地域主権」は，日本国憲法の「地方自治の本旨」を実現するための方策とみることも可能である。

　もちろん，一般に，「民主党は地方分権よりさらに進んだ『地域主権』を主張している」との指摘がなされることが多いものの[3]，民主党政権の掲げる「地域主権」のかたちは，われわれにとって，依然として曖昧模糊とした部分がないわけではない。

　そこで，本稿においては，こうした認識を踏まえて，論述を進めていく。その順序としては，まずはじめに，「地域主権」ということばについて考える。具体的には，日本において，いつごろからこのことばが用いられるようになったのかを検討する。そして，これまで6回の国政選挙の折りに，民主党が掲げてきたマニフェスト（政権公約）のなかで，「地域主権」がどのように位置付けられていたのかを紹介する。そして，今後，どういったかたちで，「地域主権」像が提示されていくのかについて簡単な私見を述べてみたい。

2.「地域主権」ということば

　民主党政権誕生後，総務省顧問をつとめた中田宏・前横浜市長は，「地域主権」について次のように語っている[4]。

　「民主党が言っている地域主権というのは一体何なのか」と，世の中はまだわからなかったり，疑問を持っていたりするわけです。「主権と

民主党政権と「地域主権」

いうのは地方が主張するものではなくて，組織体としては国ではないのか」という話であったり，「そもそも国民主権ではないのか」という言葉の話になってみたりで，主権そのものについて，「何か地域主権って矛盾してない？」というような疑問です。

　現実に，こうした文脈において，「地域主権」に対する批判が展開されている。たとえば，大森彌・東京大学名誉教授は，「主権は『国民』に存する」として，「『地域主権』とか『地方主権』という言い方が行われることがあるが，これはわが国の憲法が規定している主権の考え方としては成り立たないというべきである」と断じている。さらに，大森は，「『地域主権』とか『地方主権』という言い方は，運動論としては理解可能であるが，現行憲法の制度解釈として成り立たないというべきである」（傍点，引用者）と付け加えている[5]。

　また，地方自治法を専攻する白藤博行・専修大学法学部教授も，「『主権』の軽々な使い方は，それが単なる政治的スローガンであれば許されるであろうが，法的な概念としての『主権』であるとすれば，問題は深刻である。しかも，その『主権』の帰属主体が公式文書のどこにも説明のない『地域』であることから，問題は一層深刻である」（傍点，引用者）としたうえで，「仮にも『地域主権』論を主張するからには，まずは『主権』の法的意味を説明する責任があろう」と論じている[6]。

　加えて，成田頼明・横浜国立大学名誉教授は，「近頃，『地方分権』という言葉に代えて『地域主権』という言葉がやたらと広く使われている。学者や評論家が論文・エッセイ等で使うのは全く自由であるが，政府筋の公式文書に堂々と臆面もなく使われていることは，私のような古い教育を受けた法学者からみれば大きな驚きであり，全く理解できない」とし，「地方分権改革が10年以上の年月を経ても思うように進まないので，言葉を入れ替え，レッテルを張り替えて進めようということかもしれないが，地方分権改革を地域主権改革といい替えたとしても，そのことで改革のスピードが急速に上がる

135

第Ⅱ部　民主党政権と「地域主権」

というわけのものではあるまい」と断じている[7]。

　さらに，成田は，「国法学や憲法を学んだ者にとっては，昔も今も常識だといってよいが，16世紀のジャン・ボダンに始まる『主権』という概念や言葉は，歴史の流れの中で，ある時は戦闘的概念として，ある時は防禦的概念として用いられてきた不定要素をもつものであり，いまでも用いられる場面ごとに意味が違っている」として，次の3つの場面を提示している[8]。

　　その第1は，国の政治のあり方を最終的に決定するという権力という意味である。君主主権，国民主権，人民主権等はこのような権力の所在と関係した使い方である。憲法前文第1段および第1条はこの意味といってよい。第2は，国家の統治権・支配権・国権などを意味する。この意味での主権は，単一，固有，不可分等の特性を有すると説明されている。第3は，国際法上国家が有する最も基本的な権利で，他の権力に従属したり，他国等からの不当な関与や侵害を受けず，独立かつ至高という属性をもつ。自衛権，内政干渉の拒否・排除等がこれに含まれる。憲法前文第3段にみえる「主権」はこの意味である。

こうした前提を踏まえて，成田は，以下のように続ける[9]。

　　「地域主権」は，多分第2の意味だと思われるが，日本国の国家主権を47の都道府県と1,700有余の市町村に分与することは，日本国の国権の解体である。そのようなことを憲法を変えずに行うことはできない。仮にできるとしても，地域主権を有する「地方政府」が都道府県なのか市町村なのかその双方なのか，はっきりしない。日本は言霊の国で，言葉は魔力をもって一人歩きするから誤った使い方が定着するととんでもないことになりかねない。完全な主権をもつ日本国の中に約1,750の地域主権をもつ地方政府があるというのは全く異常なことである。

136

民主党政権と「地域主権」

　加えて，木佐茂男・九州大学大学院法学研究院教授も，「言うまでもなく，地域主権という概念は政治的にも学問的にも極めて目新しい。主権は，対外的には国家に存在し，国内的には『国民』に存することはあまりに常識的な前提である。原口総務大臣（地域主権推進特命担当大臣）によれば，地域主権は，父権主義の対概念である。ここでは，地域主権の法的概念としての成否に関する深入りは避け，これを一種の政治的スローガンとして理解しておきたい。問題は，国民・住民（これらの語についても，ここでは深入りしない）のための地方自治制度の確立が目指されている，という程度にしておくのが適切かと思う」と述べている[10]。

　もっとも，こうした批判に関連して，「しばしば指摘されるように『地域主権』なる概念は，法学上『主権』概念の意義に照らしてみて大いに疑問があるが，法律上は，もっぱら『地域主権改革』という単語が用いられ，それが『日本国憲法の理念の下に，住民に身近な行政は，地方公共団体が自主的かつ総合的に広く担うようにするとともに，地域住民が自らの判断と責任において地域の諸課題に取り組むことができるようにするための改革』と定義されることにより（地域主権改革の推進を図るための関係法律の整備に関する法律案3条），『主権』概念をめぐる問題性は回避されているようである」との行政法学者による指摘があることも付言しておきたい[11]。

　いずれにせよ，「地域主権」というワードをめぐっては，ことば自体に対する批判が展開されると同時に，その意味の不明確さに関しても，非難の声が出ている。そこで，本稿では，「地域主権」ということばの意味の理解につとめたい。そのため，まずはじめに，「地域主権」という語が，いつごろ登場してきたのかを検証する。その手がかりとして，ここでは，書籍の発行年や新聞記事などに着目してみよう[12]。

　第1に，書籍についてである。国立国会図書館が提供する「蔵書検索・申込システム」（NDL–OPAC）によれば，タイトルに，「地域主権」という語を含む書籍は，40件あった（2010年10月5日現在）。ちょうど9カ月まえの2010年1月5日時点では，28件のヒット数があったことから[13]，「地域主権」

137

第Ⅱ部　民主党政権と「地域主権」

を前面に掲げる民主党政権誕生後，このことばをタイトルに含む書籍が徐々に増加（1.43倍）してきていることがわかる。実際に，2010年1月以降に刊行された書籍のタイトルは，以下のとおりとなっている。

＊地域主権改革宣言／原口一博．―ぎょうせい，2010.1
＊コーポレート・グローバリゼーションと地域主権／福田泰雄．―桜井書店，2010.4
＊道州制シンポジウム「地域主権国家の樹立と道州制について」．―九州経済連合会，2010.4
＊地域主権改革の推進を図るための関係法律の整備に関する法律案について．―衆議院調査局総務調査室，2010.5
＊地域主権時代の自治体財務のあり方．―21世紀政策研究所，2010.5
＊地域主権の近未来図／増田寛也［他］．―朝日新聞出版，2010.6―（朝日新書；240）
＊政府予算等に関する提言書．平成23年度．―大分県，2010.6
　【各巻タイトル】内閣府（地域主権推進）
＊政治主導を問う／晴山一穂．―自治体研究社，2010.8
　【サブタイトル】地域主権改革・国会改革・公務員制度改革
＊北九州市立大学改革物語／矢田俊文．―九州大学出版会，2010.8
　【サブタイトル】地域主権の時代をリードする
＊「地域主権」改革と地方自治／大阪自治体問題研究所．―自治体研究社，2010.8―（〔社〕大阪自治体問題研究所研究年報；13）

このように，民主党政権誕生後，「地域主権」に関する書籍が増加してきた背景には，この問題に対する関心の高さがあるとみてよい。だが，タイトルに「地域主権」と「民主党」の両方を含む書籍は，わずかに，2010年1月刊行の『民主党が日本を変える！　地域主権改革宣言』だけしかない[14]。ちなみに，この書籍は，当時，総務相・内閣府特命担当相（地域主権推進）の任

民主党政権と「地域主権」

にあった原口一博・衆議院議員によるものである。

　では，「地域主権」をタイトルに含む書籍が初めて刊行されたのは，いったい，いつごろのことであろうか。それは，1993年12月のことであり，このとき，『地域主権の時代』というタイトルの書籍が刊行されている[15]。この書籍は，同年8月21日に開催された，「今こそ，市民自治・地方主権の政治を」と題するシンポジウムの記録集である[16]。シンポジウムで基調講演を行った，恒松制治・元島根県知事は，「形ばかりの地方自治，地方分権ではなくて，地方にこそ主権があるのだという考え方を私はとらざるを得ないのではないかと考えています」と力説している[17]。こうした発想は，前出の法学者らによる批判の対象そのものであることはいうまでもない。

　次に，雑誌記事に目を移そう。国立国会図書館の「雑誌記事索引検索」によると，タイトルに「地域主権」の文字を含む論文数は，2010年10月5日現在で，391件に及ぶ。9カ月まえの時点（1月5日）では，ヒット件数が159件しかなかったことから考えると[18]，その数が倍増（2.46倍）しているのがわかる。この背景には，民主党政権が誕生し，「地域主権」に対する関心が高まった事実がある。だが，「地域主権」と「民主党」という語の両方をタイトルに含むものの数は，391件中，わずか21件（5.37％）しかない。その21件のリストは，以下のようになっている[19]。

＊KEIZAIKAI REPORT & INTERVIEW鳩山由紀夫（民主党代表）"地域主権"で自民党的中央集権体制を打ち壊す！／鳩山由紀夫;佐藤正忠『経済界』37（15）（通号732）［2002.8］

＊民主党がめざす地域主権の確立―統一地方選挙を分権と生活を守る改革につなげる（特集　統一地方選挙は変わるか）／松本剛明『都市問題』97（12）［2006.12］

＊地域主権　民主党衆議院議員（党税制調査会長）古川元久―国は外交，防衛に特化し，教育を含め，地方でできることは地方に任せるべきだ（日本の政治・経済の進路を探る！）／古川元久『財界』55（18）（通号

139

1392)〔2007. 9〕

＊霞が関の解体・再編と地域主権の確立を政策決定（民主党次の内閣閣議に自治体重視の報告書）『官界通信』（2636）〔2009. 6〕

＊政治　民主党の分権政策は具体性が足りない―地域主権にふさわしい中味は十分か／荒田英知『改革者』50（9）（通号590）〔2009. 9〕

＊農業「農業再生」には結び付かない（特集　民主党経済総点検）―（Manifesto地域主権）『週刊ダイヤモンド』97（46）（通号4304）〔2009.11〕

＊郵政見直し　民から官へのバトンタッチ（特集　民主党経済総点検）―（Manifesto地域主権）『週刊ダイヤモンド』97（46）（通号4304）〔2009.11〕

＊高速道路無料化　与党内でも意見が割れる矛盾策（特集　民主党経済総点検）―（Manifesto地域主権）『週刊ダイヤモンド』97（46）（通号4304）〔2009.11〕

＊地方分権　負担金廃止・一括交付金にメドも（特集　民主党経済総点検）―（Manifesto地域主権）『週刊ダイヤモンド』97（46）（通号4304）〔2009.11〕

＊Manifesto地域主権（特集　民主党経済総点検）『週刊ダイヤモンド』97（46）（通号4304）〔2009.11〕

＊動くか地方分権・地方自治―「地域主権」の確立に向かう新政権（緊急特集「地域主権」へ―民主党連立政権スタート）／池谷忍『地方自治職員研修』42（13）（通号594）〔2009.11〕

＊緊急特集「地域主権」へ―民主党連立政権スタート『地方自治職員研修』42（13）（通号594）〔2009.11〕

＊高齢化社会における福祉サービスと「地域主権」／南波駿太郎『研究レポート（〔富士通総研経済研究所〕）』（352）〔2009.12〕

＊特別対談　動き出した民主党政権の医療改革　健康保険は100万人単位の地域保険に再編―公平性を確保し地域主権の医療提供体制を実現／長尾和宏；梅村聡『MD』7（1）（通号70）〔2010. 1〕

＊民主党の「一括交付金」を検証する（特集　どうなる?!　地域主権下での自治体財政）／兼村高文『地方財務』（667）〔2010. 1〕

民主党政権と「地域主権」

＊政権交代で地方はどう変わるか─「地域主権」の内実，検証続ける（民主党政権とメディア）／鳴海成二『新聞研究』（703）［2010.2］

＊地方への交付金の拡充　使い勝手を高め地域主権に前進（追跡　民主党政権下の土木　徹底解剖2010年度政府予算案─メリハリ付けて公共事業費2割削減）『日経コンストラクション』（489）［2010.2］

＊日本における地方自治の変容と展望─住民自治への挑戦／坂野喜隆『流通経済大学法学部流経法學』9（2）（通号17）［2010.3］

＊民主党政権下の「地域主権改革」と地方自治，暮らしのゆくえ（特集　様々な分野で憲法の輝きを）／岡田知弘『季刊人権問題』（20）［2010.春］

＊民主党の「地域主権改革」批判／岡田知弘『国公労調査時報』（571）［2010.7］

＊参議院選挙を前に民主党「地域主権改革」を考える／宮川裕二『住民と自治』（通号567）［2010.7］

　上記のリストからもわかるように，「地域主権」と「民主党」という語の両方をタイトルに含む，もっとも古い雑誌記事は，当時の鳩山由紀夫代表へのインタビュー記事である。そのなかで，鳩山は，次のように述べている[20]。

　　民主党は都会の政党と思われていますが，本当は地方分権，地域主権の国を造りたいという，最も地域に受け入れられるはずの政党です。しかし，地域に突き進んで行けば行くほど，民主党の影が薄くなってしまいます。地方分権を理解していただくには，時間がかかります。景気対策という，すぐにお金をもらえる発想が今までの日本人にはどうしてもありますから，地方に分権してどうなるのか，必ずしも理解されていません。

　この発言のなかで，鳩山は，「本当は地方分権，地域主権の国を造りたい」と述べており，この時点で，鳩山自身，「地方分権」と「地域主権」という

141

第Ⅱ部　民主党政権と「地域主権」

語の区別を明確にしていないような印象を受ける。

　さて，このように，タイトルに，「地域主権」と「民主党」の両方を含む
雑誌記事は，21件しかない。だが，タイトルに，「民主党」という語が含ま
れていないものの，民主党政権成立後，「地域主権」に関して論じた雑誌記
事の件数が増えてきていることから，政権交代を機に，「地域主権」に対す
る関心が高まっていることは明らかであろう。

　ところで，「地域主権」というワードだけを含む雑誌記事で，もっとも古
いものは，『月刊　労働問題』所収の「労働運動における地域主義の復権―
市民性と地域主権の発展のために―」（1978年1月）である。著者の板東慧・
労働調査研究所所長は，「運動の全国機能が形成され，ナショナルミニマム
がさまざまな要求分野で形成されるのに対応して，それをさらに強化し，運
動のダイナミズムを創出していくためには，地域自治・地域主権を形成する
運動を通じて，権力の側に政治的にも経済的にも地域分権化を要求し実現し
ていく方向性を追求することは重要である。しかも地域の土着性に密着した
要求運動の独自性の強化が労働組合運動の市民社会における定着性と主導性
をたかめることになるのである。労働者意識における価値観の多様化と行動
の選択性がつよまっていることは，それ自体，市民社会の成熟度を反映し，
労働者の市民化が成熟していることを意味する。そのゆえに，その多様性が
運動に反映することは運動の代表性をたかめ，市民としての労働者の運動の
側面を労働組合が担いうる条件をつよめることになる。したがって，分権的
運動そのものに重要な意味があるといえる」と論じている[21]。

　それ以降，長らくの間，「地域主権」という語をタイトルに含む雑誌記事は，
登場しない。それが，1994年になって，2つの雑誌記事があらわされる。そ
のうちの1つが，「地域主権的中央制御の経済政策システム―日本型地域包
括医療システムをモデルとして―」であり，もう1つが，「ロシア軍民転換
と地域主権―ウラルを中心に―」である。前者の「地域主権的中央制御の経
済政策システム」は，早稲田大学の田村貞雄によってあらわされた論文であ
り，『日本経済政策学会年報XLⅡ―1994―』に掲載されたものである。田

142

村によれば，「中央集権的行政システムと本社中心的企業システムが支配的であった我が国において，地域主権的中央制御の経済政策システムは一見すると無縁のように見えるが，地域福祉を地域健康福祉の達成の内容でとらえると，日本型地域包括医療の実践は，地域主権的中央制御のシステムづくりのもとで，これまで数多くの成果をあげて来たという事実が観察される」らしく，「この日本型地域包括医療システムの実践をひとつのモデルとして，地域主権的中央制御の経済政策システムのあり方を呈示すること」が，当該論文の目的であるようだ[22]。後者の「ロシア軍民転換と地域主権」は，タイトルからもわかるように，ロシアにおける「軍需産業の民需産業への転換」に焦点をあてた論文である。そのなかで，筆者の中山弘正・明治学院大学教授は，「地域主権とは，地域的な経済主権の強化を主張するものであり，完全な政治的・国家的主権までを求めるものも含まれる」と定義したうえで，「このことが結果として，ロシア連邦自体の解体の傾向を一層促すことは間違いないであろう」と結んでいる[23]。

　このように，当初，「地域主権」ということばは，経済学者の間で，広く使われてきた事実がわかる。

　次に，新聞紙上では，いつごろから，「地域主権」ということばがみられるようになったのかに着目したい。たとえば，朝日新聞社が提供する，全文検索型の記事データベース「聞蔵IIビジュアル・フォーライブラリー」を用いて調べてみると，『朝日新聞』に，「地域主権」が初めて登場したのは，1990年9月4日のことである。ただ，この記事は，「日ソ外相協議に望む」と題する社説で，「南千島（北方領土）の住民を対象に今春実施された世論調査でも，9割近くが日本への領土引き渡しに反対だと答えている。領土問題をめぐり，日ソ両政府間で何らかの合意が成立したとしても，『地域主権』を唱える地元が応じない，といった展開も予想されなくはない」という使い方がされていた[24]。2回目に，同紙に「地域主権」が登場したのは，同年11月7日のことで，社説「逆風のなかの革命73周年」のなかにおいて，「ソ連の国土の4分の3，人口の半数を占めるロシア共和国が地域主権の確立をめ

ざしているのも周知のことだ」というかたちで用いられた[25]。

そして，3回目は，第40回衆議院議員総選挙（1993年7月18日）の公示日の石田幸四郎・公明党委員長の第一声として，「世界情勢に対応した外交と生活者の政治，地域主権を進めたい」との発言が紹介された[26]。このとき，日本の地域分権改革の文脈において，「地域主権」ということばが初めて使用されたのだ。ちなみに，当該選挙戦中，朝日新聞社は，主要9政党にアンケートを行っているが，そのなかで，社会党が，「地域主権主義の明確化など憲法を創造的に発展させる」と回答するなど，「地域主権」という語が，日本の政党でも使用され始めるようになってきたのがわかる[27]。

それでは，「地域主権」と「民主党」の語の両方を含む記事は，いつごろ『朝日新聞』紙上に登場したのであろうか。それは，1996年9月12日のことで，同党の「基本政策」を紹介する記事のなかにおいてである。そこには，次のように記されていた[28]。

【地域主権の確立と行財政の改革】

教育，福祉，雇用，都市計画などは自治体の責務とする。国は，予算，歳入，行政管理，危機管理などの機能は内閣直属の別組織として設置。中央省庁は外務，防衛，法務・安全，国土・環境，生活基盤，産業・貿易，福祉・雇用，教育・科学技術・文化・スポーツの8分野をベースに再編する

公共事業の量的削減，質的転換を進め，公共事業のための第三者機関の設立と入札制度の競争性を高める。現在の行政で民間が行えるものは原則民営化する。特別会計や財政投融資制度のあり方について抜本的に見直す

さらに，これと同じ日の紙面には，民主党の「基本理念」の要旨が掲載されており，そこでもまた，「地域主権」の語がみられる[29]。

民主党政権と「地域主権」

　私たちが結集を呼びかけるのは，戦後生まれ・戦後育ちの世代を中心
とした未来志向の政治的ネットワークだ。明治国家以来の「百年目の大
転換」を成し遂げる力は，官僚依存の利権政治や冷戦思考を引きずった
既成政党とその亜流からは生まれない。

　2010年にこの国は，小さな中央政府・国会と，大きな権限を持った効
率的地方政府による「地方分権・地域主権国家」が実現しているだろう。

　「ものづくりの知恵」を蓄えた中小企業や自立的農業者，NPO（非営
利団体）や協同組合などの市民セクターが活動する「共生型・資源循環
型の市場経済」が発展しているだろう。

　国の都合に子供をはめこむ国民教育は克服され，自由で多様な個性を
発揮させる市民教育が始まっているだろう。憲法の平和的理念と事実に
基づいた歴史認識を基本に，日米関係を新しい次元で深化させ，アジア・
太平洋の多国間外交を重視し，北東アジアの一角にしっかりと位置を占
めて信頼を集める国になっていなければならない。

　私たちは，「個の自立」の原理と，「他との共生」の原理を重視したい。

　この党は市民の党である。「私はこれをやりたい」という「一人一政策」
を添えて，結集に加わってくださるよう呼びかける。

　だが，現在，民主党のホームページに掲載されている「基本政策」と「基
本理念」は，上記のものと異なっており，そこには，「地域主権」の語がい
っさいみられない。というのは，現在の民主党の「基本政策」と「基本理念」
は，1998年4月27日の民主党統一（第1回）大会で，新たに決定されたもの
であるからだ[30]。

　このように，現在，民主党が掲げている「基本政策」と「基本理念」のな
かには，同党が「『一丁目一番地』として大事に考えている」[31]，「地域主権」
という語はみられないことに留意しておく必要があろう。

　なお，前出の「聞蔵Ⅱビジュアル・フォーライブラリー」によると，『朝
日新聞』に，「地域主権」が登場した回数は，2010年10月5日までの時点で，

145

第Ⅱ部　民主党政権と「地域主権」

表1　『朝日新聞』にみる「地域主権」

1990年	2件	2001年	17件
1991年	0件	2002年	12件
1992年	0件	2003年	32件
1993年	4件	2004年	23件
1994年	6件	2005年	28件
1995年	3件	2006年	18件
1996年	9件	2007年	20件
1997年	13件	2008年	36件
1998年	20件	2009年	421件
1999年	15件	2010年	625件
2000年	19件	合計	1,323件

注：2010年の数値は，10月5日までのものである。

1,323件に達している（表1参照）。そのうち，「民主党」の語も含む記事数は，697件（52.68％）となっている。ここからも，民主党が，「地域主権」という語を一般的なものにする推進力であったことがわかる。

　ここで，国会審議の場で，「地域主権」ということばがどれほど登場しているのかに目を転じてみよう。国立国会図書館の「国会会議録検索システム」を使用して，「地域主権」ということばを含む発言件数を調べてみたところ，2010年10月5日までの段階で，455件のヒットが得られた。9カ月まえ（2010年1月5日）の時点では，243件のヒットしか得られなかったことと比べると[32]，「地域主権」に関する発言件数が急増していることは明らかだ。

　ところで，初めて国会の場において，「地域主権」という発言がなされたのは，いつごろのことであろうか。「国会会議録検索システム」でヒットしたもっとも古い発言は，1959年11月19日のものであった。これは，衆議院外務委員会での春日一幸・社会クラブ国会対策委員長の発言であるが，「私は

民主党政権と「地域主権」

朝鮮関係は存じませんけれども，いろいろあろうと思うのでありますが，それについてその効果の及ばないような地域，主権の及ばないような地域にまでその効果を想定して結ばれたところの条約があるかどうか，その点をお伺いをしておるのであります」というものであり，「地域，主権」というかたちでのヒットでしかない[33]。続く発言も，「日本国と中華民国との間の平和条約において，中華民国の統治地域，主権の及ぶところを，台湾及び澎湖島諸島と限定しております」という，戸叶武・参議院議員（社会党）のもので，ここで取りあげている「地域主権」に関する発言ではない[34]。

　それでは，地方分権改革の文脈で使われる「地域主権」ということばが，国会で初登場したのはいつのことであろうか。それは，1993年8月25日のことであり，同月23日に行われた細川護熙首相の所信表明演説に対する代表質問のなかにおいてであった。質問者の赤松広隆・社会党書記長は，「政治改革は，中央政治だけではなく，自治体政治を含む政治構造全体を視野に入れたものでなければなりません。中央省庁からおろされる膨大な許認可権や補助金，さらには中央中心の税制や交付金，起債権限，機関委任事務などの実態は自治の理念とも矛盾しており，許認可権限や各種規制の削減を初め，中央政府に集中した権限と財源を大幅に自治体に移譲するなど，地域主権の確立が必要であります。地方分権の推進は，細川政権に課せられた大きな課題の1つでもあり，その基本方向を示していただきたいと思います」と問うたのであった[35]。

　先に紹介した『朝日新聞』の記事でも，1993年の第40回衆議院選挙の折りに，「地域主権」への言及がなされるなど，このころから，ようやく，日本の地方分権改革との関連で，「地域主権」ということばが用いられ始めたことがわかる。そして，民主党政権の誕生によって，「地域主権」という語が，きわめて一般的に使用されるようになったのだ。

147

第Ⅱ部　民主党政権と「地域主権」

3. マニフェストにみる「地域主権」

(1)マニフェストの意味

　ここでは，民主党のマニフェストのなかで，「地域主権」がどのように位置付けられてきたかを検証したい。

　そのまえに，マニフェストが登場してきた経緯について若干，説明しておこう。曽根泰教・慶應義塾大学教授によれば，「2003年の統一地方選挙の際に，松沢（成文）さんを含む14名の知事候補者がマニフェストを掲げて選挙を戦いました。これが日本におけるマニフェスト選挙の始まりです。その後，2007年の地方選挙で2回目のマニフェスト選挙を経験しました。国政では，2003年，2005年，そして2009年と3回の総選挙と2004年と2007年の参議院議員選挙を経験してきました。このようにマニフェスト選挙が地方選挙から国政選挙へと展開してきたことは注目に値するものです」（カッコ内，引用者補足）とのことだ[36]。そのマニフェストとは，「政権が向こう4年間で行うべき政策のパッケージである」と同時に，ポイントは，「予算書ではないが，向こう4年間の予算をどのように使って何をいつまでにやるのかが明確である」という点だ[37]。

　では，このマニフェストと従来の「公約」との違いはどこにあるのか。たとえば，社団法人　日本経済調査協議会が設置した，「『マニフェストによる政治ガバナンスの確立』をテーマとする調査専門委員会」（顧問：野村吉三郎・全日本空輸〔株〕最高顧問）は，その報告書のなかで，以下のように記している[38]。

　　マニフェストとは政党が選挙の際に有権者に訴える選挙政策集のことであるが，これを単なる「選挙公約」の意味だと理解すると，日本政治でも過去の選挙において「公約」はあったので，何も新しいことはない。

148

民主党政権と「地域主権」

　すなわち，現に世界中で候補者や政党は，選挙の際に選挙政策集を訴え
て選挙を戦っている。それを，イギリスでは「マニフェスト」，アメリ
カでは「プラットホーム」，ドイツでは「選挙綱領」などと呼んできた。
選挙政策集は一般的にどこにでも見られるものであるし，過去の日本の
「選挙公約」もこの範疇に入るであろう。

　しかし，ここで述べるマニフェストと従来の選挙公約は違うからこそ，
それには政治的な意味があった。あえてイギリス型の「マニフェスト」
を持ち出すことは，従来からあった「あれもします」「これもします」
という「選挙公約」とを対比して考えるきっかけになった。ひとことで
言えば，マニフェストとは「検証可能な形」で，選挙時に有権者に対し
て宣言される「誓約」（pledge）である。

　なお，日本で，「マニフェストは『政権公約』と訳される」が，この訳語は，
「東京新聞政治部が最初に選んだ言葉だ」そうだ。東京新聞社の金井辰樹は，
この点に関して，次のように語っている[39]。

　　それまでは「政策集」とか「政策冊子」とか，様々な訳語があてられ
　ていたが，どれもピンと来なかった。「マニフェストを定着させるには，
　まず訳を決めることだ」と考えた僕たちは，何日もかけて最善の訳語を
　探し続けた。
　　「政策綱領」や「政策集」ではインパクトが弱すぎる。「国民との契約」
　では奇をてらいすぎだ。政党同士が政権を争い，勝った方が実行する政
　策のことを意味する，分かりやすい言葉はないだろうか―。そこでたど
　り着いたアイデアが「政権公約」だった。2003年2月18日のことだ。翌
　19日付の東京新聞で「政権公約と訳します」と"宣言"した。

　いずれにせよ，「マニフェストは，内閣を獲得したときにどういうことを
実行するかという内閣の国民との契約であります」との菅直人・民主党代表

149

第Ⅱ部　民主党政権と「地域主権」

のことばにみられるように[40]，マニフェストに盛られた文言は，きわめて大きな意味を有している。そこで，以下においては，民主党政権時の第22回参議院議員通常選挙までの6回の国政選挙で，同党が，どのような《国民との契約》を提示してきたのかについて，着目してみたい。

(2)マニフェストのなかの「地域主権」

(a)第43回衆議院議員総選挙（2003年11月9日）のマニフェスト

　民主党にとって，初めてのマニフェストということもあり，冒頭で，「マニフェストの意義」について，「菅直人から国民のみなさんへ」のあいさつが記されている[41]。

　　「マニフェスト」は政権を争う二大政党が，それぞれ，政権を担当したときに実行する政策を政権担当前に国民のみなさんに約束する「政権公約」です。二大政党が対抗する場合，国民のみなさんは，いずれかの政党を選ぶことで，政権を構成する与党と首相とマニフェスト（政権公約），つまり「政権」それ自体を選択することと同じことになるのです。議院内閣制を採用している日本の国政では，これまで，二大政党制になっていなかったために，国民のみなさんは，「政権」それ自体を選択することはできなかったのです。民主党と自由党は二大政党の一翼を担うため，「小異を残して大同につく」という覚悟で合併し，新しい民主党を発足させました。この絶好の機会に，国民のみなさんに私たちのマニフェストを選択していただくことを願ってやみません。
　　民主党のマニフェストはこのような考えにもとづいて立案し，最終的に党内の一任を受けた代表である私の責任で決定したものです。そして，このマニフェストの実行を民主党のすべての候補者が約束し，署名して総選挙に臨みます。

　ちなみに，上記の「民主党と自由党は二大政党の一翼を担うため，『小異

民主党政権と「地域主権」

を残して大同につく』という覚悟で合併し，新しい民主党を発足させました」
という部分は，2003年9月24日に行われた民主党・自由党の合併調印式，翌
10月5日の民主党・自由党合併大会開催といった，「民由合併」に関する一
連の動きをさしている。

では，第43回衆議院選挙時のマニフェストにおいて，「地域主権」に関して，
どのような記述がみられるのであろうか。このマニフェストのなかでは，「地
域主権」ということばは使われておらず，総論では，「地方分権」という項
目が立てられている[42]。

> 税金のつかい道を大胆に変えるための手段のひとつが，**地方分権**をす
> すめることです。地域の問題は自分たちで決められる社会をきずく，こ
> の「当たり前のこと」を私たちは実現します。
>
> でも，この「当たり前のこと」を行うことが日本では相当むずかしい
> ことなのです。だから私たちはこれを「**分権革命**」と呼びます。
>
> 「当たり前のこと」ができない原因は，中央が地方を支配する構造です。
> 中央では背徳的な利権政治家，悪徳官僚，結託業者がウヨウヨしていま
> す。その象徴が**補助金制度**です。
>
> もともとは国民のみなさんからお預かりした税金を，まるで自分たち
> のお金のような顔をして官僚が地方に分配する補助金制度，これが諸悪
> の根元です。
>
> 私たちは18兆円の補助金を廃止し，地方が責任と自覚をもってつか
> えるお金に変えます。また，**中央省庁の権限を限定し，自治の確立と住
> 民の行政参加**をすすめます。

さらに，各論では，総論で登場した「分権革命」ということばが前面に押
し出され，「地域が自立性をもつことで，住民一人ひとりの活力から『つよ
い地域』が生まれます」「民主党は，自治と地域の経済力を培い，道州制も
展望した『分権革命』を推進します」と記される。具体的には，次のような

151

第Ⅱ部　民主党政権と「地域主権」

方策が示されている[43]。

【「分権革命」：地域の問題は自分たちで決める社会を築きます】

［1］国の補助金18兆円を廃止し，地方が責任と自覚をもって使えるお
　　　金に変えます。

　つかい道が不必要に制限されている総額約20兆円におよぶ国の補助金
のうち，約18兆円分を廃止し，地方自治体ごとの責任と自覚によって使
途を決められる「一括交付金」にします。

　廃止する約18兆円の補助金のうち，約5.5兆円分を所得税から地方住
民税に税源移譲し，約12兆円を一括交付金とする案を軸に，全国の改革
派知事・市町村長とも協力して，税財源移譲をすすめます。

　政権獲得後，予算措置でできる部分から個別補助金の廃止＝一括交付
金化を開始します。さらに，平成17年夏までに関係法律の改正をすすめ，
平成18年度には，補助金の廃止を約18兆円にまで拡大します。

　なお，国から地方への財源移譲に当たっては，住民による行政に対す
る評価や監視態勢の整備を行うとともに，国が率先して実施する入札改
革などの談合防止策や，行財政改革による行政経費の節減を，地方自治
体にも求めていきます。

［2］中央省庁の権限限定と自治確立，住民の行政参加権限を明確にし
　　　ます。

　任期中に，中央省庁の権限を限定して，地方自治体との間の権限配分
を明確にすることなどを内容とする地方自治確立に関する法律案，また，
施策の決定に住民が参加し意思を反映するために最も重要な「情報公開」
「住民の直接参加」を強化するための「住民自治推進基本法案（仮称）」
や「住民投票法案」を国会提出し，その成立をめざします。

民主党政権と「地域主権」

(b) 第20回参議院議員通常選挙（2004年 7 月11日）のマニフェスト

　2004年 5 月18日に代表に選出された，岡田克也・衆議院議員のもとで示されたマニフェストには，「自由で公正な社会を実現するための民主党 8 つの約束」の 1 つとして，「補助金を『地方の財源（18兆円）』に切り替えて，地域の工夫を引き出す」が掲げられている。そして，その方向性として，以下のような記述が続く[44]。

　　　豊かな可能性をもつ日本の地域社会。そこには本来，人々のエネルギーが満ちているはずです。
　　　しかし，長い間の中央集権的な官主導の政治が，その豊かなエネルギーの発現を抑え込んできました。
　　　そのエネルギーを解き放ち，日本中の地域社会に元気を取り戻すために必要なものは，「地域のことは地域で決める」という考え方。
　　　民主党はそんな視点から，税財源や権限を大胆に地方に移譲し，地域の再生を進めます。

　さらに，そのための具体策として， 5 つの政権公約が示されているが，うえから 2 つめの項目のなかで，「地域主権」ということばが登場している[45]。

　【国の役割を限定して，地域に権限を移譲します】
　　大きすぎる中央省庁の役割を限定し，地域に権限を移して，地域に即した自由な政策選択が可能な仕組みにします。行政の縦割り構造に基づく事細かな規制・干渉を撤廃します。お役所が認可した特定の法人に活動が限定されていた福祉，医療，農業などの分野で，地域に住む人たちがそのニーズに合わせて，自由に創意工夫できる社会へと転換し，自治の力を引き出します。

第Ⅱ部　民主党政権と「地域主権」

【補助金を削減して，地域が自由に使えるお金を増やします】

　地域主権，住民主権による地域づくりのために，権限と財源をセットで地域に移譲します。現在の約20兆円ある国から地方への補助金のうち，およそ18兆円を地域が自由に使うことのできる財源（約12兆円の「一括交付金」と5.5兆円の税源移譲）に切り替えます。これにより，地域の実情に合った自治体の自立的，自主的な取り組みを支援します。

【地域主体の経済活動を応援します】

　「お金を貸せる銀行」をつくり，地域の中小企業の活性化を支援します。それとともに，福祉，健康，環境および情報関連産業やニュービジネスを育てて，地域経済に活力を取り戻し，地域に「仕事」や「雇用」を創り出します。また，地域の産業ニーズに見合った職業能力開発や人材育成などを支援します。

【NPOなど民のパワーを生かした地域づくりを支えます】

　民主党は，常に「民が主役の政治」をめざしています。地域ではいま，社会サービスの担い手として，介護，子育て，文化，健康，環境保護，景観維持などあらゆる分野で，たくさんのNPOが生まれています。この多様なNPO活動を育成・支援し，行政とNPOが連携して，豊かな地域社会を創り出していけるよう，環境を整備します。

【市町村の基盤強化と道州制の導入で，分権国家・日本を実現します】

　市町村の基盤強化や，道州制の導入により，現在国が握っている権限の多くを地域に移して，地域中心の分権国家・日本を創り出します。同時に住民に一番身近なコミュニティの活性化に取り組みます。

その後の各論部分においても，「地域主権」に関する言及がみられる[46]。

154

民主党政権と「地域主権」

【分権革命─地域のことは地域で決める社会】

　地方分権は，日本社会の構造を根本から改め，地域それぞれの多様な活性化を実現し，住民の厳しい目によって財政再建を可能とする，真の構造改革です。民主党は，地域住民が自ら考え，自ら行動できる「自主・自立・協働」できる社会を実現し，地域の持つパワーが存分に発揮できる環境をつくります。中央集権の全国一律・国民不在の「高コスト・不満足」社会を，多様で住民が主役となる地域主権の「低コスト・満足社会」へと転換します。

1.　地方へ18兆円の税財源を移譲します〜税金の使い道は地域で決める。

　霞ヶ関の縦割りが地域住民の生活にまで影響を与えています。その最たるものが補助金です。民主党は，税金の使い道を地域が自らの責任で決められるようにします。そのため，現在の約20兆円の補助金のうち，国が責任を持つべき補助金（生活保護など）以外の約18兆円を原則廃止し，これを税源移譲や一括交付金（国は大枠の使い道のみ定め，実際の使途は地方が決定できる財源）に改めます。自治体の使い勝手の良い財源が飛躍的に増えることによって，今までの「縦割り」を排し，例えば高齢者福祉と保育の複合施設の建設など，地域の行政ニーズに応じた「横割り」の税金の使い方が可能となります。また自由な財源を背景に，各地域の「善政競争」を展開することによって，地域の活力が生まれ，自治体の集合体である日本の活性化が可能となります。

2.　市町村に権限・財源を優先的に移譲し，住民が主役の社会をつくります。

　地方分権とは国に集中する権限を，住民（国民）に返すことです。そのためには，住民に最も身近な市町村に，できる限り権限と財源を移譲します。その上で住民参加，住民による行政の評価や監視が容易にできる環境を整備し，住民が地域の主役であることを明確にします。政策の

155

決定に住民が参加し，意思を反映するために最も重要な「情報公開」「住民の直接参加」を強化するための「住民自治推進基本法案（仮称）」や「住民投票法案」を国会提出し，その成立をはかります。また法律の範囲内で地域のルールを地域が独自に決められる権限を拡充（法律による直接委任条例の範囲の拡大等）し，住民参加・住民協働による手応えのある地域づくりを可能とします。

3. 中央政府の権限を限定し，その範囲で強い政府をつくります。

　国にあまりにも多くの権限が集中していることが，全国一律の「硬直社会」，住民が政治行政から疎外される「不満足社会」，社会が国に依存する「依存社会」をつくっています。民主党は，政権獲得後の任期中に，中央省庁の権限を限定して，地方自治体との間の権限配分を明確にすることなどを内容とする地方自治確立に関する法律を制定します。これによって地域のニーズに応じた「柔軟社会」，住民が政治行政に参加しやすい「満足社会」，自治体間の健全な競争による「競争社会」をつくります。また国は，外交，安全保障，通貨，金融など限定された範囲の中で，機動的で効率的な強い政府をつくります。

4. 道州制の実現へ制度整備に着手します。

　基礎自治体の規模拡大，基盤強化の中で，道州制の実現へ向け制度整備に着手します。同時に，住民に一番身近なコミュニティを活性化することによって，自立と共生の社会を実現します。

　また，このマニフェストの冒頭部分において，岡田代表が，「日本人一人ひとりの持つエネルギー，地域の持つエネルギーを解き放ち，日本の元気を取り戻すために，政治がなすべきことの第1は，『地域のことは地域で決める』分権社会へと国のかたちを大きく変えていくことである。社会保障制度の基本的枠組みづくりや，マクロ経済運営，危機管理や外交といった，地域では

できないことのみを中央政府がやるという発想の転換をすべきである。地域の中で，人々はお互いに支え合いながら，子どもや家族を大切にし，自分たちの意思で豊かな暮らしを実現していくことができる。民主党は，どの政党よりも，分権国家・日本の実現を高く掲げている」と論じていることを付言しておきたい[47]。

(c) 第44回衆議院議員総選挙（2005年9月11日）のマニフェスト

　このマニフェストの総論部分では，「分権革命—地域のことは地域で—」が，「日本刷新8つの約束」のうちの4つ目の項目として提示されている。そして，「地域の工夫を引き出すため，ヒモつき補助金18兆円を，地方の財源に切り換えます」とし，「民主党は，官主導社会と決別し，民主導社会を創造することを目標としています。国と地域の役割分担をはっきりさせ，『補完性の原理』に基づき，地域のことは地域で決める分権社会を創り出します。このため，何よりもまず，地域の自立を支える財源を保障します。また，公益法人改革やNPO支援を強化し，自治を担う『地域力』を育てます」との政権公約を提示している[48]。

　そして，その具体策として，以下の3点が示される[49]。

○現在約20兆円の補助金のうち，生活保護などを除く約18兆円を廃止し，3年以内に税源移譲5.5兆円と一括交付金12.5兆円に切り換えます。一括交付金は，「教育」「社会保障」「農業・環境」「地域経済」などの大くくりで地方へ交付し，そのくくりの中で地方が自由に使途を決定できる財源です。従来の「ヒモつき補助金」とは違い，中央への陳情も原則不要になります。

○人口30万人程度以上の基礎自治体に対しては，政令指定都市と同等以上の事務権限と財源を移譲します。

○設立要件の緩和や税制面の整備など公益法人改革を進めるとともに，NPO支援税制を拡充して，地域における市民の自発的活動を支援し

第Ⅱ部　民主党政権と「地域主権」

ます。

　さらに，各論部分の「地方分権・市民活動支援」と題する項目に，以下の
事項が盛られている[50]。

1.　分権革命―地域のことは地域で決める社会へ
　　①税金の使い道は地域で決められるよう，18兆円の税財源を移譲しま
　　　す。
　　○霞が関の縦割り行政による弊害と，国・地方のコスト意識の欠如が
　　　膨大な税金のムダづかいをもたらしています。その最たるものが「ヒ
　　　モつき補助金」です。民主党は，税金の使い道を地域が自らの責任
　　　で決められるように，抜本的な税財源移譲を行います。
　　○第一段階として，現在の約20兆円の補助金のうち，国が責任をもつ
　　　べき事業（生活保護など）に係わる補助金以外の約18兆円を原則廃
　　　止し，３年以内に税源移譲（5.5兆円）や一括交付金（12.5兆円）に
　　　改めます。一括交付金は，「教育」「社会保障」「農業・環境」「地域
　　　経済」「その他」という５つの大くくりで地方へ交付し，そのくく
　　　りの中で地方が自由に使途を決定できる財源です。従来の「ヒモつ
　　　き補助金」とはまったく異なり，中央への陳情も不要になります。
　　　自治体の使い勝手の良い財源が飛躍的に増え，今までの「縦割り行
　　　政」を排して，例えば高齢者福祉と保育の複合施設の建設など，地
　　　域の行政ニーズに応じた「横割り行政」的な税金の使い方が可能と
　　　なります。また，地方に当事者意識が生じることでムダな事業が減
　　　り，地方行政も効率化がすすみます。なお，地方債制度についても，
　　　地方の自立と自己責任の徹底を図る観点から，改革を行います。
　　○第二段階では，国と地方の役割分担を「補完性の原理」に基づき明
　　　確にした上で，さらなる税源移譲をすすめます（財源は「一括交付
　　　金」）。加えて課税自主権を大幅に強化し，地方の努力による税収確

158

保を促進することによって，自主財源だけで運営できる基礎自治体の割合が，全体の2分の1を超えることを目標とします。自治体間の格差を一定程度調整するために，地方交付税制度を抜本的に改めた，透明性の高い財政調整制度を構築します。また過疎・離島などの特殊地域については，特別の財政調整制度を設けます。

○分権政策を推進するにあたっては，国と地方の協議を法制化し，地方の声，現場の声を聞きながら真の分権を実現していきます。

②市町村に権限・税財源を優先的に移譲し，住民が主役の社会をつくります。

○地方分権とは国に集中した権限を，住民（国民）に返すことです。その際，住民に最も近い基礎自治体（市町村）に可能な限り権限と税財源を移譲します。特に，人口30万人程度以上の基礎自治体に対しては，政令指定都市と同等かそれ以上の事務権限と税財源を移譲します。その上で，基礎自治体にできないことは広域自治体（都道府県または道州）が，広域自治体にできないことは国が行う，という「補完性の原則」を徹底します。

○住民参加，住民による行政の評価や監視が容易にできる環境を整備し，住民が地域の主役であることを明確にします。政策の決定に住民が参加し，意思を反映するために最も重要な「情報公開」「住民の直接参加」を強化するための「住民自治推進基本法案（仮称）」や「住民投票法案」を制定します。

○地域のニーズに応え，活力を高めるために，国が政省令などを通じて一律に定めている基準のうち，住民生活に密接に関係するものについては，地方の条例に委ね，政省令は原則廃止するなど，地域住民の判断で決められるようにします。

③中央政府の権限を限定し，その範囲で強い政府をつくります。

第Ⅱ部　民主党政権と「地域主権」

　国にあまりにも多くの権限が集中していることが，全国一律の「硬直社会」，住民が政治行政から疎外される「不満足社会」，地方が国に依存する「依存社会」をつくっています。任期中に，中央省庁の権限を限定し，地方自治体との間の権限配分を明確にすることなどを盛り込んだ地方自治確立に関する法律を制定します。これによって地域のニーズに応じた「柔軟社会」，住民が政治行政に参加しやすい「満足社会」，自治体間の健全な競争による「自律社会」をつくります。また国は，外交，安全保障，通貨，金融など限定された分野を担い，機動的で効率的な強い政府をつくります。

④新しい地方政治のかたちをつくります。

　基礎自治体の規模拡大，基盤強化の中で，都道府県の自主的な判断を尊重しつつ，合併などによる道州制の実現へ向けた制度整備に着手します。同時に，住民に一番身近なコミュニティーを活性化することによって，自立と共生の社会を実現します。シティマネジャー制度の導入や地方議会定数の見直しなど，地方の政治の仕組に柔軟性をもたせます。

2.　主権者である市民の自発的活動を支援します。
①特定非営利活動法人を税制でも支援します。

　特定非営利活動法人（特活法人）を，地域の公共サービスの担い手，雇用を創出する主体として育成・支援し，市民活動の活性化を応援します。現在全国２万2000余の特活法人のうち，わずか34法人（2005年６月現在）しか税制優遇の対象法人として認定されていません。認定要件の大幅緩和などにより，特活法人全体の５割程度が認定を受けられるようにします。また，少額寄付を行いやすくするため，１万円以下の寄付金を控除の対象としない，いわゆる「裾切り」を廃止します。

民主党政権と「地域主権」

②公益法人制度を抜本的に見直します。

　市民・共同セクターの形成に取り組みます。民間の市民活動を促進するために，民法34条「公益法人」の規定を改正し，非営利法人の一般法を制定します。新たな非営利法人制度は，（ア）主務官庁による許可制を廃止し登記により設立可能，（イ）法人税は原則非課税（収益事業は原則軽減税率を適用，本来事業であれば課税除外），（ウ）一定要件を満たしている法人については現在より拡充した「みなし寄付制度」や「寄付控除」などを適用，（エ）個人の寄付金については，原則，寄付金の50％まで（所得税の20％を上限）税額控除，などが骨格となります。また法人による寄付金についても課税所得の10％までの損金算入と５年間の繰越期間を認めます。

　なお，岡田代表のあいさつを盛った冒頭部分でも，「官僚が政治を動かすという中央集権国家，官僚主導国家という仕組みは，明治以降，日本の政治体制の大きな特徴で，これは今日に至るまで何も変わっていません」「いまこそ政権交代によって，しがらみのない，国民の立場に立った新しい政府をつくることが必要です」とふれられているだけで，「地域主権」という語は，登場しない[51]。

(d) 第21回参議院議員通常選挙（2007年７月29日）のマニフェスト

　第44回衆議院選挙での敗北の責任をとって，辞意を表明した岡田代表に代わって，2005年９月17日，前原誠司・衆議院議員が，代表に選出された。だが，いわゆる「偽メール」事件の責任をとり，2006年３月31日，前原代表は，その職を辞した。そして，４月７日には，両院議員総会で選挙が行われ，小沢一郎・衆議院議員が，新しい代表に就任した。その小沢代表のもと，第21回参議院議員通常選挙時の民主党のマニフェストが出されたのである。

　そのマニフェストでは，「民主党７つの提言」の「提言４」として，「地域のことは地域で決める『分権国家』を実現する」という項目が提示されてい

161

第Ⅱ部　民主党政権と「地域主権」

る。そこでは，以下のような3つの具体策が盛られている[52]。

　　○国と地方の役割分担を根本から改め，地域でできる仕事は全て地域に
　　　任せる仕組みをつくり，真の地方分権を実現します。
　　○全ての補助金を廃止し，地方が自由に使える自主財源として一括交付
　　　します。
　　○地域のニーズに合った行政ができるように，住民生活に密接な分野に
　　　ついては，国が政省令で細目を定めることをやめ，地方自治体が条例
　　　で決めるようにします。

　これを受けた各論では，「政と官」という項目のなかで，「国から地方への
補助金原則廃止，地方分権の推進」と「コミュニティの再生・強化とNPO
活動の支援」が盛られている。まず，前者の「国から地方への補助金原則廃
止，地方分権の推進」からみてみよう[53]。

　　中央から地方に支出される個別補助金は，中央官僚による地方支配の
　根源であり，様々な利権の温床ともなっています。真の地方自治を実現
　する第一歩を踏み出すため，個別補助金は基本的に全廃し，地方固有の
　財源を保証します。中央・地方とも補助金に関わる人件費と経費を大幅
　に削減して，財政の健全化にもつなげます。
　　また，地方のことは権限も財源も地方に委ねる仕組みに改め，国会議
　員も国家公務員も国家レベルの仕事に専念できるようにします。地方分
　権国家を担う母体を「基礎的自治体」とし，将来的には，全国を300程
　度の多様性のある基礎的自治体で構成します。生活に関わる行政サービ
　スをはじめ，対応可能なすべての事務事業の権限と財源を，基礎的自治
　体に大幅に移譲します。
　　中央政府の役割は，外交，防衛，危機管理，治安から，食料，エネル
　ギーを含む総合的な安全保障，教育・社会保障の最終責任，通貨，市場

162

経済の確立，国家的大規模プロジェクトなどに限定します。

　その過程において，5〜10年間で，国から都道府県に対して大幅に事務事業を移譲するとともに，都道府県が担っている事務事業の1/2程度を基礎的自治体に移譲します。これらの政策により，国と都道府県の役割を大幅に縮小し，基礎的自治体の役割を大幅に拡大します。

　他方，後者の「コミュニティの再生・強化とNPO活動の支援」には，以下のような文言が盛られている[54]。

　　行政だけで住民のニーズを満たせる時代は終わりました。地方分権社会を充実させるためには，基礎的自治体内のコミュニティの機能を活性化することが求められています。民主党は，住民が単に公的サービスの受け手となるだけでなく，公共サービスの提供者・立案者といった自治の担い手として参画する社会をめざします。

　　また，コミュニティの中心的な活動主体となりつつあるNPOをはじめ非営利セクターの育成は緊急かつ重要な課題です。民主党は，公益法人制度の見直しともあわせて，これら特定非営利活動法人の活動が社会にしっかりと根付くための努力を続けます。また，現行の特定非営利活動法人に対する支援税制の認定要件が厳しいため，これを利用できる「認定特活法人」は特定非営利活動法人全体（約31,000）の中でわずか60法人程度にすぎません。民主党は，その認定要件を大幅に緩和します。また寄付金控除制度を大幅に拡充します。

　なお，このマニフェストの冒頭，小沢代表の署名の入ったあいさつが掲載されているが，とくに，「地域主権」に言及した記述はみられない[55]。

(e) 第45回衆議院議員総選挙（2009年8月30日）のマニフェスト
　西松建設の違法献金事件をめぐって，小沢代表に対する世論は厳しさを増

163

第Ⅱ部 民主党政権と「地域主権」

していった。そうしたなか，ついに，2009年5月12日にいたって，小沢代表
は，辞任を表明し，民主党両院議員総会の場で承認された。そして，小沢代
表のあとをおそったのが，衆議院議員の鳩山であった。この鳩山代表のもと
で戦われた第45回衆議院選挙の焦点は，「政権交代」の4文字にあったとい
ってよかろう。

　ここでは，政権交代をかけた選挙戦のマニフェストをみてみたい。このマ
ニフェストでは，「民主党は，『国民の生活が第一。』と考えます。その新し
い優先順位に基づいて，すべての予算を組み替え，子育て・教育，年金・医
療，地域主権，雇用・経済に，税金を集中的に使います」とする鳩山代表の
あいさつがあったのち，「鳩山政権の政権構想」として，5原則5策が掲げ
られている。その5原則のうちの「原則5」が，「中央集権から，地域主権へ」
である[56]。

　具体的には，「地域のことは，地域が決める。活気に満ちた地域社会をつ
くります」としたうえで，「『地域主権』を確立し，第一歩として，地方の自
主財源を大幅に増やします。農業の戸別所得補償制度を創設。高速道路の無
料化，郵政事業の抜本見直しで地域を元気にします。農林漁業を立て直し，
食と地域を再生します。ガソリン税などの暫定税率は廃止し，生活コストを
引き下げます。地域を活性化することで，国全体が元気になります」として
いる[57]。

　さらに，「地域を再生させる政策」として，以下の9点が挙げられてい
る[58]。

　　○中央政府の役割は外交・安全保障などに特化し，地方でできることは
　　　地方に移譲します。
　　○国と地方の協議の場を法律に基づいて設置します。
　　○国の「ひもつき補助金（社会保障・義務教育関係は除く）」は廃止し，
　　　地方の自主財源に転換します。
　　○国直轄事業に対する地方の負担金は廃止します。

○ガソリン税，軽油引取税，自動車重量税，自動車取得税の暫定税率を廃止し，2.5兆円の減税を実施します。

○高速道路は段階的に無料化し，物流コスト・物価を引き下げ，地域と経済を活性化します。

○「戸別所得補償制度」の創設により，農業を再生し，食料自給率を向上させます。

○畜産・酪農業，漁業に対する所得補償と林業に対する直接支払いの導入を進めます。

○地域社会を活性化するため，郵政事業を抜本的に見直します。

次に，「地域主権」に関する各論の記述をみてみよう[59]。

《霞が関を解体・再編し，地域主権を確立する》

【政策目的】

○明治維新以来続いた中央集権体制を抜本的に改め，「地域主権国家」へと転換する。

○中央政府は国レベルの仕事に専念し，国と地方自治体の関係を，上下・主従の関係から対等・協力の関係へ改める。地方政府が地域の実情にあった行政サービスを提供できるようにする。

○地域の産業を再生し，雇用を拡大することによって地域を活性化する。

【具体策】

○新たに設立する「行政刷新会議（仮称）」で全ての事務事業を整理し，基礎的自治体が対応可能な事務事業の権限と財源を大幅に移譲する。

○国と地方の協議の場を法律に基づいて設置する。

○国から地方への「ひもつき補助金」を廃止し，基本的に地方が自由に使える「一括交付金」として交付する。義務教育・社会保障の必要額は確保する。

○「一括交付金」化により，効率的に財源を活用できるようになるとと

165

第Ⅱ部 民主党政権と「地域主権」

もに補助金申請が不要になるため，補助金に関わる経費と人件費を削減する。

《国の出先機関，直轄事業に対する地方の負担金は廃止する》

【政策目的】

○国と地方の二重行政は排し，地方にできることは地方に委ねる。

○地方が自由に使えるお金を増やし，自治体が地域のニーズに適切に応えられるようにする。

【具体策】

○国の出先機関を原則廃止する。

○道路・河川・ダム等の全ての国直轄事業における負担金制度を廃止し，地方の約1兆円の負担をなくす。それに伴う地方交付税の減額は行わない。

《目的を失った自動車関連諸税の暫定税率は廃止する》

【政策目的】

○課税の根拠を失った暫定税率を廃止して，税制に対する国民の信頼を回復する。

○2.5兆円の減税を実施し，国民生活を守る。特に，移動を車に依存することの多い地方の国民負担を軽減する。

【具体策】

○ガソリン税，軽油引取税，自動車重量税，自動車取得税の暫定税率は廃止して，2.5兆円の減税を実施する。

○将来的には，ガソリン税，軽油引取税は「地球温暖化対策税（仮称）」として一本化，自動車重量税は自動車税と一本化，自動車取得税は消費税との二重課税回避の観点から廃止する。

【所要額】

2.5兆円程度

民主党政権と「地域主権」

《高速道路を原則無料化して，地域経済の活性化を図る》
【政策目的】

○流通コストの引き下げを通じて，生活コストを引き下げる。

○産地から消費地へ商品を運びやすいようにして，地域経済を活性化する。

○高速道路の出入り口を増設し，今ある社会資本を有効に使って，渋滞などの経済的損失を軽減する。

【具体策】

○割引率の順次拡大などの社会実験を実施し，その影響を確認しながら，高速道路を無料化していく。

【所要額】

1.3兆円程度

《戸別所得補償制度で農山漁村を再生する》
【政策目的】

○農山漁村を６次産業化（生産・加工・流通までを一体的に担う）し，活性化する。

○主要穀物等では完全自給をめざす。

○小規模経営の農家を含めて農業の継続を可能とし，農村環境を維持する。

○国土保全，水源かん養，水質浄化，温暖化ガス吸収など多面的な機能を有する農山漁村を再生する。

【具体策】

○農畜産物の販売価格と生産費の差額を基本とする「戸別所得補償制度」を販売農家に実施する。

○所得補償制度では規模，品質，環境保全，主食用米からの転作等に応じた加算を行う。

○畜産・酪農業，漁業に対しても，農業の仕組みを基本として，所得補

167

第Ⅱ部　民主党政権と「地域主権」

償制度を導入する。

○間伐等の森林整備を実施するために必要な費用を森林所有者に交付する「森林管理・環境保全直接支払制度」を導入する。

【所要額】

1.4兆円程度

《食の安全・安心を確保する》

【政策目的】

○国民が安全な食料を，安心して食べられる仕組みをつくる。

○食品安全行政を総点検する。

【具体策】

○食品の生産，加工，流通の過程を事後的に容易に検証できる「食品トレーサビリティシステム」を確立する。

○原料原産地等の表示の義務付け対象を加工食品等に拡大する。

○主な対日食料輸出国に「国際食品調査官（仮称）」を配置して，輸入検疫体制を強化する。

○BSE対策としての全頭検査に対する国庫補助を復活し，また輸入牛肉の条件違反があった場合には，輸入の全面禁止等直ちに対応する。

○食品安全庁を設置し，厚生労働省と農林水産省に分かれている食品リスク管理機能を一元化する。併せて食品安全委員会の機能を強化する。

【所要額】

3500億円程度

《郵政事業を抜本的に見直す》

【政策目的】

○現在の郵政事業には，国民生活の利便性が低下していること，地域社会で金融サービスが受けられなくなる可能性があること，事業を担う４社の将来的な経営の見通しが不透明であることなど，深刻な問題が

山積している。郵政事業における国民の権利を保障するため，また，国民生活を確保し，地域社会を活性化することを目的に，郵政事業の抜本的な見直しに取り組む。

【具体策】

○「日本郵政」「ゆうちょ銀行」「かんぽ生命」の株式売却を凍結するための法律（郵政株式売却凍結法）を可及的速やかに成立させる。

○郵政各社のサービスと経営の実態を精査し，国民不在の「郵政事業の４分社化」を見直し，郵便局のサービスを全国あまねく公平にかつ利用者本位の簡便な方法で利用できる仕組みを再構築する。

○その際，郵便局における郵政三事業の一体的サービス提供を保障するとともに，株式保有を含む郵政会社のあり方を検討し，郵政事業の利便性と公益性を高める改革を行う。

《市民が公益を担う社会を実現する》

【政策目的】

○市民が公益を担う社会を実現する。

○特定非営利活動法人をはじめとする非営利セクター（NPOセクター）の活動を支援する。

【具体策】

○認定NPO法人制度を見直し，寄付税制を拡充するとともに，認定手続きの簡素化・審査期間の短縮などを行う。

○国際協力においてNGOの果たす積極的な役割を評価し，連携を強化する。

【所要額】

100億円

なお，このときのマニフェストに関して，鳥取県知事をつとめた経験を有する片山善博・総務相は，「09年のマニフェストがまとめられるとき，実は

第Ⅱ部　民主党政権と「地域主権」

かなりレベルの高い議論はあったんです。従来とは違って，住民主権を前面に押し出そうという思想があった」としつつ，「ところがそれは，**マニフェストにする段階で盛り込まれなかった**。もともとその部分は，岡田克也さん（現外相）や玄葉光一郎さんらがまとめられたんですけれど，マニフェストにする段階で，その任にあった人たちに，住民自治とか住民主権の理念が共有されなかったのではないか」と指摘していることを付言しておきたい[60]。

(f) 第22回参議院議員通常選挙（2010年7月11日）のマニフェスト

　周知のように，民主党は，第45回衆議院選挙において，308議席を獲得し，悲願の政権交代を達成した。首班指名の結果，鳩山代表が第93代内閣総理大臣に就任したものの，普天間基地問題への対応などをめぐって，迷走を続け，2010年6月2日，ついに，鳩山は，辞意を表明する。そして，後任の首相についた（6月8日）のが，鳩山政権において副総理をつとめた菅であった。

　マニフェストの冒頭，菅は，「国内では，大胆な地域主権改革を実行します。地域主権改革は地域の自立を促す改革であり，そのために権限や財源の移譲に取り組みます。地域のことは地域で決められる仕組みをつくることで，明治以来の中央集権体制を改めます」と述べ，「『国のかたち』を変える」意気込みを語っている[61]。

　ところで，第22回参議院選挙での民主党のマニフェストは，同党が政権獲得後，初めて提示されるものということもあり，大きな注目を集めた。なぜなら，予想以上の財源不足という問題もあって，民主党は，2009年8月30日の衆議院選挙の折りに示したマニフェストを実行に移すことが困難な状況におかれていたからだ。

　次に，「『地域主権改革』で，地域の活力を再生します」と記された総論部分に，目を転じよう。そこでは，「地域の権限や財源を大幅に増やし，地域のことは地域で決められるようにします」として，以下の3つの政権公約が示されている[62]。

170

○地方が自由に使える「一括交付金」の第一段階として，2011年度に公共事業をはじめとする投資への補助金を一括交付金化します。引き続き，さらなる一括交付金化を検討します。

○国直轄事業に対する地方の負担金廃止に向けて，引き続き取り組みます。

○より質の高い住民サービスが確保できるよう，福祉事務所の設置や公園に関する基準などは，身近な自治体が決められるようにします。

また，今回のマニフェストでは，「民主党政権がこれまで取り組んできたことを報告します」という項目があり，以下の事項が紹介されている[63]。

【国と地方の関係を対等な関係へ】

国と地方が対等な立場で政策について協議を行うため，「国と地方の協議の場」を設置するための法案を提出しました。

【地方の負担金の廃止】

国直轄の公共事業に対する地方の負担金の全廃に向けて，2010年度に道路，河川などに関する維持管理にかかわる負担金を廃止しました。

【農業戸別所得補償】

2010年度から，水田農家を対象に生産コストと販売額の差額を支給する「戸別所得補償」のモデル事業を開始しました。

【口蹄疫対策】

被害の拡大防止のための国内初のワクチン使用，生産者の経営再建支援などを定める特別措置法を制定するなど対策を講じています。

【NPO税制の見直し】

2010年度税制改正でNPOなどに関する寄付金税制の適用範囲を拡大するとともに，2011年度改正では税額控除方式を導入する方針を決定しました。

第Ⅱ部　民主党政権と「地域主権」

　なお，このマニフェストには，「【まだ，実現できていないこと】（引き続
き取り組みます。）」という項目も盛られているが，そこには，「借金が収入
を上回った予算」「隠れた天下り」「暫定税率廃止」「高速道路無料化」「後期
高齢者医療制度の廃止」が示されているだけで，「地域主権」に関する直接
の言及はみられない[64]。

(3)マニフェストの変容

　それでは，ここで，上記の６つの民主党のマニフェストがどのように変容
してきたのかについて簡単に検証してみよう。

　もともと，これまでに出された民主党のマニフェストを紹介した目的は，
「地域主権」に対する民主党のスタンスを読みとることであった。だが，「地
域主権」ということば自体が登場するマニフェストは，2004年，2009年およ
び2010年の３つしかなかった。2003年，2005年のマニフェストでは，「分権
革命」という語が用いられており，2007年のマニフェストでは，「分権国家」
と記されている。しかも，2004年のマニフェストでは，「地域主権」という
ことばが使用されてはいるものの，同時に，「分権革命」という語も用いら
れている。先述したように，民主党結党時の1996年に出された「基本政策」
および「基本理念」には，「地域主権」というワードが明記されていたにも
かかわらず，1998年に新しくつくられた「基本政策」と「基本理念」では，
その文言が消えている。このように，民主党にとって，「地域主権」という
ことばは，結党時の理念ではあったものの，その後，長きにわたって，前面
に押し出されることはなかったといえよう。

　とはいえ，2003年のマニフェストに，「『分権革命』：地域の問題は自分た
ちで決める」とあり，「地域主権」の登場する2009年のマニフェストに，「地
域のことは，地域が決める」とあることから，ほぼ同じような意味で，両方
の語が使われていることがわかる。このほかのマニフェストをみると，「多
様で住民が主役となる地域主権」「『地域のことは地域で決める』分権社会」
（2004年），「地域のことは地域で決める分権社会」「分権革命─地域のことは

172

地域で決める」(2005年),「地域のことは地域で決める『分権国家』」(2007年),「地域主権改革は地域の自立を促す改革であり，そのために権限や財源の移譲に取り組みます。地域のことは地域で決められる」(2009年)となっており，「地域主権」「分権革命」「分権社会」「分権国家」「地域主権改革」がほぼ同義語で用いられていることがわかる[65]。ただ，「現代の地方自治を理解するうえで必要な基本的用語932を選び，解説を加えた用語辞典である」，『地方自治の現代用語』の「用語索引」をみても，そこには，これらのことばは，いっさい盛られておらず，あまりポピュラーな語ではなかったことに留意する必要があろう[66]。

　それでは,「地域主権」「分権革命」「分権社会」「分権国家」「地域主権改革」といった語が，ほぼ同じ意味で使われているという前提に立って，民主党の考える「地域主権」像を示してみよう[67]。2003年のマニフェストでは，「地方分権」という項目のなかに,「税金のつかい道を大胆に変えるための手段のひとつが，**地方分権**をすすめることです。地域の問題は自分たちで決められる社会をきずく，この『当たり前のこと』を私たちは実現します」と記されていることからも明らかなように,「地域主権」によって，税金のむだづかいを根絶できるとの発想がある。「その象徴が**補助金制度**」というわけだ。マニフェストによれば,「補助金制度，これが諸悪の根元」とまで断じられている。そして,「国の補助金18兆円を廃止し，地方が責任と自覚をもって使えるお金」＝「一括交付金」化することがうたわれている。

　2004年のマニフェストでも,「地域主権，住民主権による地域づくりのために，権限と財源をセットで地域に移譲します」とあることから，民主党の考える「地域主権」を実現するためには，補助金の一括交付金化は不可避といえる。それによって,「日本中の地域社会に元気を取り戻す」こととなるのだ。また，2004年のマニフェストで，目新しいのは,「NPOなど民のパワーを生かした地域づくりを支えます」という文言が,「地域主権」関連の記述として盛られたことであろう。さらに，このマニフェストでは，当時，進行中であった小泉構造改革を意識してか,「地方分権は，日本社会の構造を

173

第Ⅱ部　民主党政権と「地域主権」

根本から改め，地域それぞれの多様な活性化を実現し，住民の厳しい目によって財政再建を可能とする，真の構造改革です」（傍点，引用者）と記されているのが，興味深い。その反面，小泉純一郎内閣が推し進めた，「平成の大合併」にくみするような表現（「基礎自治体の規模拡大，基盤強化」）がみられるのが気にかかる[68]。

　また，近年，民主党が掲げる「補完性の原理」ということばが用いられたのは，2005年のマニフェストが初めてである。その「『補完性の原理』とは，国家または中央政府と地方自治体との間の責務と職能の配分原理だけではなく，市民社会の共同領域と政府公共部門への信託領域との関係を規律するものである」。換言するならば，「『公的な責務は，一般に，市民に最も身近な当局が優先的に遂行するものとする』（ヨーロッパ地方自治憲章第4条第3項）ことを基本として，それぞれの段階の政府に事務・権限が配分されるべきであるとする原理」のことである[69]。ただ，これ以降のマニフェストで，「補完性の原理」という語が盛られたことは一度もない。

　加えて，2005年のマニフェストにだけ盛られている事項として，「課税自主権を大幅に強化」「シティマネジャー制度の導入」「地方議会定数の見直し」「主権者である市民」などがある。その意味において，2005年のマニフェストは，民主党の考える「地域主権」像をもっとも具体化したものといえよう。だが，先述したように，このときのマニフェストには，「地域主権」という語そのものは盛られていない。

　また，2007年のマニフェスト以降，言及されなくなった事項として，「道州制」がある。当初のマニフェストでは，「自治と地域の経済力を培い，道州制も展望した『分権革命』を推進します」（2003年），「基礎自治体の規模拡大，基盤強化の中で，道州制の実現へ向け制度整備に着手します」（2004年），「合併などによる道州制の実現へ向けた制度整備に着手します」（2005年）といったように，道州制を容認する雰囲気がみられたものの，2007年のマニフェスト以降，「道州制」の文言はみられなくなった。それは，このとき代表をつとめていた「小沢一郎氏が道州制を否定して，国と300の基礎的自治体

174

の二層制を主張した」からであり，民主党は，「道州制の実現をマニフェストから落とした」のである[70]。現に，2007年のマニフェストでは，「地方分権国家を担う母体を『基礎的自治体』とし，将来的には，全国を300程度の多様性のある基礎的自治体で構成します」と記されている。

　さらに，民主党が声高に主張する「一括交付金」化に関しては，2007年のマニフェスト以外，すべてのマニフェストで言及がなされている。このほか，注目を集めている「国と地方の協議の場」の法制化については，2005年のマニフェストで，「国と地方の協議を法制化」するとの文言が初めて登場する。だが，2007年のマニフェストにはこのことに関する言及はなく，2009年になって，「国と地方の協議の場を法律に基づいて設置します」との記述が再び姿をあらわす。なお，政権獲得後の2010年のマニフェストでは，「国と地方が対等な立場で政策について協議を行うため，『国と地方の協議の場』を設置するための法案を提出しました」と記されている。加えて，「国の出先機関を原則廃止する」という文言は，2009年のマニフェストにしかみられない。

　また，直轄事業負担金の廃止に関しては，2009年に，「国直轄事業に対する地方の負担金は廃止します」と書かれたのが初めで，2010年には，「国直轄事業に対する地方の負担金廃止に向けて，引き続き取り組みます」と記されている。

　ところで，民主党は，「地域主権」が確立されたあとの国のかたちとして，どのようなものを想定していたのであろうか。たとえば，2004年のマニフェストには，「社会保障制度の基本的枠組みづくりや，マクロ経済運営，危機管理や外交といった，地域ではできないことのみを中央政府がやるという発想の転換をすべきである」と記されているし，2007年のマニフェストでは，「中央政府の役割は，外交，防衛，危機管理，治安から，食料，エネルギーを含む総合的な安全保障，教育・社会保障の最終責任，通貨，市場経済の確立，国家的大規模プロジェクトなどに限定します」，2009年のマニフェストでは，「中央政府の役割は外交・安全保障などに特化」と明記されている。

第Ⅱ部　民主党政権と「地域主権」

4. 結び

　周知のように，野党時代の民主党は，政権交代を担える政党をめざし，1999年10月に，鳩山『次の内閣』を発足させている。『次の内閣』は，2009年の政権交代までの間に，都合13回組織されている（表 2 参照）。だが，初めての鳩山『次の内閣』で，松本龍・衆議院議員を「ネクスト地方分権・政治・行政改革大臣」につけた以外，「地方分権」や「地域主権」を特命とする大臣ポストは，設けられていない。ここからは，民主党が，「地域主権」に対して，それほど力点をおいていないような印象を受ける。もっとも，「英国に学びながら影の内閣をつくって準備してきたはずなのに，蓋を開けて

表 2 　歴代の民主党『次の内閣』閣僚一覧

鳩山　　　　『次の内閣』	1999年10月〜
第 2 次鳩山『次の内閣』	2000年 9 月〜
第 3 次鳩山『次の内閣』	2001年 9 月〜
第 4 次鳩山『次の内閣』	2002年10月〜
菅　　　　　『次の内閣』	2002年12月〜
第 2 次菅　　『次の内閣』	2003年12月〜
岡田　　　　『次の内閣』	2004年 5 月〜
第 2 次岡田『次の内閣』	2004年 9 月〜
前原　　　　『次の内閣』	2005年 9 月〜
第 1 次小沢『次の内閣』	2006年 4 月〜
第 2 次小沢『次の内閣』	2006年 9 月〜
第 3 次小沢『次の内閣』	2007年 9 月〜
鳩山　　　　『次の内閣』	2009年 5 月〜

出所：http://www.dpj.or.jp/governance/gov/next_cabinet.html（2010年10月25日）。

民主党政権と「地域主権」

みたら,ほとんどなにもやっていなかった」との指摘があることから[71],「地域主権」のみを担当する大臣がいたかいなかったかだけに注目して議論することは,あまり重要でないかもしれない。

いずれにせよ,政権交代後,総務相・内閣府特命担当相(地域主権推進)のポストについた原口・衆議院議員が,「地域主権戦略の工程表(案)」である「原口プラン」を出すなど,「地域主権」のかたちが,徐々にではあるが,明らかとなった(図1参照)。同プランに盛られた項目だけをみても,「国と地方の協議の場の始動と法制化」「義務付け・枠付けの見直し」「基礎自治体への権限移譲」「補助金の一括交付金化」「地方税財源の充実確保」「直轄事業負担金の廃止」「緑の分権改革」「『地方政府基本法』の制定」「自治体間連携」「出先機関改革」など,これまでに民主党が出してきたマニフェストを

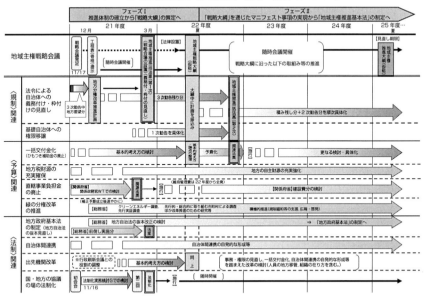

図1 地域主権戦略の工程表(案)【原口プラン】

出所:http://www.cao.go.jp/chiiki-shuken/kaigi/kaigikaisai/kaigidai01/1shiryou04.pdf (2010年10月25日)。

第Ⅱ部　民主党政権と「地域主権」

総合した「地域主権」のかたちが示されている。

　しかも，2010年9月17日に発足した菅改造内閣では，鳥取県知事を2期8年つとめ，地方自治に精通している片山・慶應義塾大学教授を総務相・内閣府特命担当相（地域主権推進）に任命し，さらなる地域主権改革を進めようとしたのである。その片山総務相は，自らが政権入りするまえに，政府が提出した地域主権改革3法案（「地域主権改革の推進を図るための関係法律の整備に関する法律案」「国と地方の協議の場に関する法律案」「地方自治法の一部を改正する法律案」）を「本当にお粗末な法案です」と一刀両断にするなど，政権交代以降，民主党が提示してきた「地域主権」像に対して，厳しい批判をあびせてきた識者の一人であった[72]。

　片山によれば，「大切なことは，首長や議員たちの歓心を買おうとするのではなく，どうすれば主権者である住民にとって満足度の高い自治体運営が可能になるかという視点」であって，「それには，自治体に対する制御を国から住民に切り替えることが重要なポイントとなる」ようだ[73]。

　さらに，片山は，「地域戦略会議で『原口プラン』として提出されたものを見る限り，**住民はほとんど登場していないんですね**」と述べるなど，これまでの民主党政権における「地域主権」のかたちに異議を唱えてきていた[74]。しかも，いわゆる「ヒモ付き交付税」にしても，「これを改善しようということは，『原口プラン』には一切ないし，これまでの民主党政権の政策をみても，ここにメスを入れようという気配はまだ見えない」と，手厳しい批判をあびせてきた[75]。片山によれば，「間接民主制がうまく運営される」には，「**議会が機能を回復すること**」に加え，「間接民主制を補完する直接民主制として，**住民投票などの住民の政治参画を増やす**」ことが重要であるにもかかわらず，「この2つは今まで課題としてあがってこないんですね」と断じていた[76]。

　したがって，片山を中心に，菅政権が，さらに踏み込んだ「地域主権」のかたちを提示することが大いに期待されていたのはいうまでもない。とはいえ，われわれは，菅政権によって，どのような「地域主権」像が提示される

178

民主党政権と「地域主権」

のを傍観しているだけではなく，自分たちの側でも，積極的に，「地域主権」像づくりにかかわっていく必要があった。それこそが，冒頭で紹介した「地方自治の本旨」の１つである住民自治の精神であるはずだ。そうした意識の変革が，われわれにも求められていたのであり，その先にこそ，真の「地域主権」の姿をみてとることができるに違いないといえよう。

〔注〕————————————————————————————————

1 ）宮沢俊義『公法の原理』（有斐閣，1967年），277頁および279頁。

2 ）同上，277頁および282頁。

3 ）講談社セオリー編『まるごとわかる！　民主党政権』（講談社，2009年），21頁。

4 ）原口一博『民主党が日本を変える！　地域主権改革宣言』（ぎょうせい，2010年），123頁。

5 ）大森彌『変化に挑戦する自治体―希望の自治体行政学―』（第一法規，2008年），38～39頁。

6 ）白藤博行「『地域主権改革』の基本問題」『法と民主主義』2010年１月号，23頁。

7 ）成田頼明「異議あり！『地域主権』という用語と概念」『自治実務セミナー』2010年４月号，１頁。

8 ）同上。

9 ）同上。

10）木佐茂男「〈地域主権〉改革を考える」『地域政策』2010年春季号，７頁。

11）人見剛「『地方政府基本法』制定と地方自治法の抜本的見直し」『法と民主主義』2010年６月号，12頁。

12）なお，ここでの記述は，浅野一弘『地方自治をめぐる争点』（同文舘出版，2010年），53～57頁によっている。

13）同上，54～55頁。

14）原口，前掲書『民主党が日本を変える！　地域主権改革宣言』。

15）地域政策フォーラム編『地域主権の時代』（金羊社，1993年）。

16）同上，９頁。

17）同上，21～22頁。

18）浅野，前掲書『地方自治をめぐる争点』，55頁。

19）リストのなかには，「地域主権」と「民主党」のいずれの語も含まないものがあるが，

第Ⅱ部　民主党政権と「地域主権」

検索システムのキーワード欄に，これらの語が入っているために，ヒットした雑誌記事もあることを付言しておく。

20)「鳩山由紀夫民主党代表を直撃！『"地域主権"で自民党的中央集権体制を打ち壊す！』」『経済界』2002年8月6日号，143頁。

21) 板東慧「労働運動における地域主義の復権─市民性と地域主権の発展のために─」『月刊　労働問題』1978年1月号，12頁。

22) 田村貞雄「地域主権的中央制御の経済政策システム─日本型地域包括医療システムをモデルとして─」日本経済政策学会編『日本経済政策学会年報ⅩLⅡ─1994─』，126頁。

23) 中山弘正「ロシア軍民転換と地域主権─ウラルを中心に─」明治学院大学経済学会編『経済研究』第98号，1〜2頁および27頁。

24)『朝日新聞』1990年9月4日，5面。

25) 同上，1990年11月7日，5面。

26) 同上，1993年7月5日，2面。

27) 同上，1993年7月7日，16面。

28) 同上，1996年9月12日，7面。

29) 同上，2面。

30) ちなみに，1998年に決定された「基本政策」では，「中央集権的な政府を『市民へ・市場へ・地方へ』の観点から再構築する。それは官僚機構の容れ物を変えるだけの表面的なものではない。官と民の関係，中央と地方の関係など本質的な権限の構造を勇気をもって変革する」として，「分権社会」の方向性について，記されている。すなわち，「中央政府の役割をスリム化し，外交・防衛，司法などのルール設定・監視，年金をはじめとするナショナル・ミニマムの確保など，国家と国民生活の根幹に係る分野に限定する。それ以外については住民に最も身近な『基礎的自治体』が，それぞれの意思決定に基づきサービスを提供することで，柔軟・迅速・民意反映の政治・行政を実現する。地方独自の財源を十分に確保し，中央政府の役割を明確なルールに基づく地域間の財政調整などに限定する。過渡的措置としては国から地方への包括交付金制度をただちに導入する」というわけだ（http://www.dpj.or.jp/policy/rinen_seisaku/seisaku.html〔2010年10月25日〕）。また，「基本理念」においては，「中央集権的な政府を『市民へ・市場へ・地方へ』との視点で分権社会へ再構築し，共同参画社会をめざします」と明記されている（http://www.dpj.or.jp/policy/rinen_seisaku/〔2010年10月25日〕）。

31)「地域主権戦略会議（第1回会合）議事録」，2頁（http://www.cao.go.jp/chiiki-shuken/kaigi/kaigikaisai/kaigidai01/1 gijiroku.pdf〔2010年10月25日〕）。

32) 浅野，前掲書『地方自治をめぐる争点』，63頁。

33)『第33回国会　衆議院外務委員会議録　第11号』1959年11月19日，17頁。

34)『第46回国会　参議院予算委員会会議録　第3号』1964年2月12日，3頁。

35)『第127回国会　衆議院会議録　第5号』1993年8月25日，7頁。もっとも，これに対する答弁で，細川首相は，「地方分権のことについてのお尋ねでございましたが」と述べ，「地域主権」という語を用いていない（同上，11頁）。

36) 曽根泰教・松沢成文＝対談「マニフェスト政治を読み解く―はしがきに代えて―」曽根泰教・日韓交流国際学術大会実行委員会編『日韓比較―マニフェストで自治・国政は変わったか―』（東進堂，2009年），7頁。

37) 社団法人　日本経済調査協議会『マニフェストによる政治ガバナンスの確立―大文字のマニフェストを書け―』（社団法人　日本経済調査協議会，2006年），2～3頁。

38) 同上，3～4頁。

39) 金井辰樹『マニフェスト―新しい政治の潮流―』（光文社，2003年），5～6頁。ちなみに，金井は，「マニフェストを『数値，財源，期限が入った選挙公約』と定義したい」と述べている（同上，13頁）。

40)『第156回国会　国家基本政策委員会合同審査会会議録　第4号』2003年6月11日，3頁。

41)「民主党政権公約MANIFESTO（マニフェスト）」（2003年10月），5頁（http://www.dpj.or.jp/policy/manifesto/images/Manifesto_2003.pdf〔2010年10月25日〕）。

42) 同上，16頁。

43) 同上，34頁。

44)「民主党政権公約MANIFESTO（マニフェスト）」（2004年6月），10頁（http://www.dpj.or.jp/policy/manifesto/images/Manifesto_2004.pdf〔2010年10月25日〕）。

45) 同上。

46) 同上，20頁。

47) 同上，4頁。

48)「民主党　政権公約MANIFESTO（マニフェスト）」（2005年8月），10頁（http://www.dpj.or.jp/policy/manifesto/images/Manifesto_2005.pdf〔2010年10月25日〕）。

49) 同上。

50) 同上，26～27頁。

51) 同上，2頁。

52)「民主党　政権公約MANIFESTO（マニフェスト）」（2007年7月），18頁（http://www.dpj.or.jp/policy/manifesto/images/Manifesto_2007.pdf〔2010年10月25日〕）。

53) 同上，29頁。

54) 同上。

55) 同上，1頁。

56)「民主党　政権政策Manifesto」（2009年7月），2～3頁（http://www.dpj.or.jp/special/manifesto2009/pdf/manifesto_2009.pdf〔2010年10月25日〕）。

第Ⅱ部 民主党政権と「地域主権」

57) 同上，12〜13頁。

58) 同上，12頁。

59) 同上，19〜20頁。

60) 増田寛也著，菅沼栄一郎構成『地域主権の近未来図』（朝日新聞出版，2010年），33〜34頁。

61) 「民主党　政権政策MANIFESTO（マニフェスト）」（2010年6月），3頁（http://www.dpj.or.jp/special/manifesto2010/data/manifesto2010.pdf〔2010年10月25日〕）。

62) 同上，17頁。

63) 同上，20〜21頁。

64) 同上，21頁。

65) たとえば，2004年のマニフェストには，「地方分権とは国に集中する権限を，住民（国民）に返すこと」，2007年のマニフェストには，「地域でできる仕事は全て地域に任せる仕組みをつくり，真の地方分権を実現します」とも記されている。

66) 寄本勝美「まえがき」阿部齊・今村都南雄・岩崎恭典・大久保皓生・澤井勝・辻山幸宣・山本英治・寄本勝美『地方自治の現代用語』〔第2次改訂版〕（学陽書房，2005年），3頁。ただ，同書では，「地方主権」という語の解説がなされており，そこでは，「1980年代から90年代にかけて高揚をみせた地方分権論議のなかで，国が保有する権限を地方に委譲する分権論の限界を指摘し，地方自治体がそれぞれの地域において共有する自分たちの諸問題について，自らのことは自らが決定するという自己決定権を有することを原理的に確認することこそが必要であるとする立場から唱えられた概念。行革国民会議が1990（平成2）年11月に出したパンフレット『地方主権の提唱』によって知られるようになった。そこでは，国民に一番身近な自治体である市町村がまず主権をもち，その市町村の主権の預託によって都道府県が存立し，その都道府県の預託によって国が成り立つと考えられている。ただし，主権概念の正統的な用法に照らして問題があるとする学界からの批判もある」との説明がなされている（今村都南雄「地方主権」同上，89〜90頁）。

67) なお，『朝日新聞』において，「分権革命」を含む記事数は23件，「分権社会」を含む記事数は198件，「分権国家」を含む記事数は51件，「地域主権改革」を含む記事数は141件となっている（2010年10月5日時点）。

68) 「平成の大合併」に関しては，たとえば，浅野一弘『危機管理の行政学』（同文舘出版，2010年），242〜250頁を参照されたい。

69) 辻山幸宣「補完性の原理」阿部・今村・岩崎・大久保・澤井・辻山・山本・寄本，前掲書『地方自治の現代用語』〔第2次改訂版〕，112〜113頁。

70) 増田著，菅沼構成，前掲書『地域主権の近未来図』，123頁。なお，「自民党の道州制をはじめ，これまで議論されてきた道州制の多くは，『都道府県の合併』や『国の統治

182

のあり方』が主眼で，地方分権とは目指す目標が一致しない場合が少なくない。『中央政府を解体し，自治体に権限を渡す』という条件がない限り，分権には必ずしも結びつかない」との指摘があることを付言しておく（同上）。

71)「片山善博の『日本を診る』―対談　いま，政治に何が求められているか―」『世界』2010年8月号，124頁。

72) 同上，130頁。

73)「片山善博の『日本を診る』―地域主権改革の先行き『国のかたちの一大変革』とはいうけれど―」『世界』2010年6月号，86頁。

74) 増田著，菅沼構成，前掲書『地域主権の近未来図』，24頁。

75) 同上，37頁。

76) 同上，26頁。

※なお，本稿は，「2010年度札幌大学研究助成」の成果の一部であることを付言しておく。

増補版あとがき

　ちょうど，この「増補版あとがき」を記そうとしていた矢先，民主党が維新の党と合流し，新たな党名を民進党とする方向であるとの報道に接した。もともと，"市民が主役"とのコンセプトのもと，民主党という党名が採用されたはずであった。ということは，今後，民進党にとっての主役は，市民ではなく，いったいだれになるのであろうかといった素朴な疑問が，私の頭をもたげた。

　とはいえ，新たな党名のもとで，民進党が，どのような政策を打ち出し，いかにして，それを有権者に訴えていくのかに注目していきたいとの思いも，同時にわいてきた。ただ，今後，民進党が，自分たちだけで前進し，政治の主役である市民の存在を忘れてしまわないかという危惧があることもまた，事実である。

　そのためにも，民主党は，新たなスタートを切るまえの段階で，ほんとうの意味での総括を行うべきではなかろうか。というのは，民主党政権下の1,198日間について，いまなお，同党自身による適切な総括ができていないと思えてならないからである。的確な総括ができてこそ，新たなスタートも切れるはずである。

　話は変わるが，私の趣味の1つに，二時間ドラマ鑑賞がある。その二時間ドラマには，民進党という党名が，登場することもしばしばである。市民の期待を担う可能性を有する民進党が，二時間ドラマというフィクションの世界同様，わずかな時間で消滅しないことを願うばかりである。そして，単なる看板のかけかえだけに終わらない何かを提示できるかに期待したい。

　　2016年3月

　　　　　　　　　　　　　　　　　　　　　　　　浅野　一弘

索 引

あ

アーリントン国立墓地	12
アイゼンハワー，ドワイト・D	109,116,121
『朝日新聞』	3
アジア太平洋経済協力会議（APEC）	6,12,119
ASEAN地域フォーラム（ARF）	31,32
安倍晋三	62
天下り	172
アンドリュース空軍基地	14
安保理決議	7
池田勇人	109,117
イコール・パートナーシップ	117
石橋湛山	123
一括交付金	152,154,155,157,158,165,171,173,175
一村一品運動	88
イデオロギー	69
イラク	62
イラン	7,10
ウォルフレン，カレル・ヴァン	111
宇野宗佑	118
運命共同体	119
えひめ丸	17
円高	59
大平正芳	118
小笠原返還	117
岡田克也	34,39,40,109,153
沖縄に関する特別行動委員会（SACO）	61
沖縄返還	109,121
小沢一郎	161
翁長雄志	100
オバマ，バラク	96
思いやり予算	111

か

カーター，ジミー・J・E	118
外圧	123
『外交青書』	4,11,20,21
海部俊樹	118
海兵隊	30,37,67
閣議決定	70
核抜き・本土並み	110
核兵器	6,109
影の内閣	176
霞が関	158,165
課税自主権	174
片山善博	169
カラーテレビ	110,112
関税および貿易に関する一般協定（GATT）	108
間接民主制	178
環太平洋パートナーシップ協定(TPP)	9-11,20,21
菅直人	49,149
官僚	65,67,151,161
機関委任事務	84,147
危機管理	144,156,162,175
岸信介	128
基礎自治体	157,159,174
北沢俊美	39,40
北朝鮮	5,7,8,10,20
キャンプ・シュワブ	34,38
牛肉・オレンジ	112,118
共存共苦	118
共同記者会見	128
極東	117
許認可権	147
グアム	37-39,55,67,70
クリントン，ビル	118,123

187

経団連	17	自由党	150
ゲーツ，ロバート	35,39,40	周辺事態法	111
ケネディ，ジョン・F	109	自由貿易協定（FTA）	5,124
		住民自治	82,83,179
小泉純一郎	51,122	住民投票	178
厚生労働省	168	主権	136
国益	5,28,53,99	首相動静	3,12,21
国際公共財	53,97	首相臨時代理	114,122
国際通貨基金（IMF）	108	首班指名	170
国防総省	35	主要先進国首脳会議（サミット）	110
国防の基本方針	117	常時駐留なき安保	33,37
国民主権	135,136	小選挙区	35
国立国会図書館	59,137	消費税	49,78
国連安保理改革	8	情報公開	152,156,159
国連人権理事会	100	条例	162
国連総会	5,7,8	所信表明演説	6,25,26,56,58,147
国連平和維持活動（PKO）	129	所得倍増計画	109,117
ココム違反事件	118	ジョンソン，チャルマーズ	111
国会	55,58,121	ジョンソン，リンドン・B	117
戸別所得補償	171	新ガイドライン	111,125
コメ	112,118	新経済政策	109
		人工衛星	111
		新世界秩序	111

さ

債務国	110	スーパー301条	111
佐藤栄作	109,117	スーパーコンピューター	111
参議院議員通常選挙	49	鈴木善幸	118
暫定税率	164-166,172		
サンフランシスコ平和条約	108	税源移譲	152,154,155,157,158
		政権交代	39,57,164,170,176
自衛隊	95	政治家	43
次期支援戦闘機（FSX）	111,118	政治とカネ	49
市場開放	110,123	政党	148
施政方針演説	61,129	政令指定都市	157
事前協議	109	石油ショック	110,118
質問主意書	94	繊維	109,112
シティマネジャー	160,174	尖閣諸島	7
自動車	112	先進5カ国蔵相・中央銀行総裁会議（G5）	111
シビリアン・コントロール	55		
ジャパン・ソサエティー	14	ソ連	111,113
社民党	40		
衆議院議員総選挙	4,26,144		
集団的自衛権	33,62,95		

索　引

た

第1次防衛力整備計画	117
第五福竜丸事件	108
大統領	114
第7艦隊	67
代表質問	147
第4次中東戦争	110
タダ乗り	111
縦割り行政	158
田中角栄	110
団体自治	82,83

地域主権 128,134,141
地球温暖化 71
地方自治の本旨 88,133,134,179
中央集権 155
中央省庁 151,153,160
朝鮮戦争 108

通常国会 59

出先機関 166,175
鉄鋼 109,112
テロ対策特別措置法 96

統一地方選挙 50,148
東京裁判（極東国際軍事裁判） 94,95
東京電力福島第1原発事故 21
東芝機械 118
道州制 88,89,151,154,156,160,174
党首討論 59,61,78
ドッジ，ジョセフ 115
都道府県 136,163
トモダチ作戦 75,96
トルーマン，ハリー・S 114

な

内需拡大 59
中曽根康弘 64,118,119
縄と糸の取引 109

ニクソン，リチャード・M 109
ニクソン・ショック 109,110,117
二大政党制 150
日・独機関車論 110
日米安全保障協議委員会（「2＋2」） 10
日米安全保障条約 108
日米安保共同宣言 111
日米共同声明 10
日米構造協議（SII） 111,118
日米首脳会談 112,121
日米地位協定 5,52-55,124
日米貿易経済合同委員会 109
日本国憲法 133,134

農林水産省 168
野田佳彦 75

は

バードン・シェアリング（責任分担） 111
ハイ・ポリティクス 124
ハガチー，ジェームズ 121
覇権（ヘゲモニー） 110
橋本龍太郎 59,64
羽田孜 123
鳩山一郎 123
鳩山由紀夫 25,56,70,141
半導体 112

東アジア共同体 29
東日本大震災 20
非政府組織（NGO） 33
非武装・中立 65
ひもつき補助金 164,165
平野博文 128

ファローズ，ジェームズ 111
フォード，ジェラルド・R 121
不沈空母 119
ブッシュ，ジョージ・H・W 118
ブッシュ，ジョージ・W 112,123
普天間飛行場 6,26,35,61,64,75,128
プラザ合意 111

189

プレストウィッツ，クライド‥‥‥‥‥‥‥111

米国追随外交‥‥‥‥‥‥‥‥‥‥‥‥29,120
平成の大合併‥‥‥‥‥‥‥‥‥‥‥‥‥‥174
米中接近‥‥‥‥‥‥‥‥‥‥‥‥‥‥‥‥109

貿易不均衡‥‥‥‥‥‥‥‥‥‥‥‥‥‥‥110
補完性の原理‥‥‥‥‥‥‥‥‥‥157,158,174
細川護熙‥‥‥‥‥‥‥‥‥‥‥‥‥‥‥‥147
北方領土‥‥‥‥‥‥‥‥‥‥‥‥‥‥‥‥143

ま

前原誠司‥‥‥‥‥‥‥‥‥‥‥‥‥‥‥‥161
松下政経塾‥‥‥‥‥‥‥‥‥‥‥‥‥‥‥79
マニフェスト（政権公約）‥‥‥‥4,49,98,124,134

密約‥‥‥‥‥‥‥‥‥‥‥‥‥‥‥‥65,109
宮沢喜一‥‥‥‥‥‥‥‥‥‥‥‥‥‥‥‥118
民意‥‥‥‥‥‥‥‥‥‥‥‥‥‥‥‥‥‥40
民主党‥‥‥‥‥‥‥‥‥55,99,134,141,150,176
民由合併‥‥‥‥‥‥‥‥‥‥‥‥‥‥‥‥151

木材製品‥‥‥‥‥‥‥‥‥‥‥‥‥‥‥‥111
モンデール，ウォルター‥‥‥‥‥‥‥‥‥64

や

輸出自主規制（VER）‥‥‥‥‥‥109,110,123

予算委員会‥‥‥‥‥‥‥‥‥‥‥‥‥59,61
吉田茂‥‥‥‥‥‥‥‥‥‥‥‥‥‥108,116
世論‥‥‥‥‥‥‥‥‥‥‥‥‥‥‥‥‥‥163
世論調査‥‥‥‥‥‥‥‥‥‥‥‥‥‥‥‥143

ら

リーダーシップ‥‥‥‥‥‥‥6,110,125,129
リクルート事件‥‥‥‥‥‥‥‥‥‥‥‥121
リビジョニスト（日本異質論者）‥‥‥‥‥111

ルーズベルト，セオドア‥‥‥‥‥‥‥‥‥112

冷戦‥‥‥‥‥‥‥‥‥‥‥‥‥‥28,32,108
レーガン，ロナルド・W‥‥‥‥‥‥‥‥118
連立政権‥‥‥‥‥‥‥‥‥‥‥‥‥‥‥‥40

ロー・ポリティクス‥‥‥‥‥‥‥‥‥‥124

わ

『ワシントン・ポスト』‥‥‥‥‥‥‥‥‥119

《著者紹介》

浅野 一弘（あさの　かずひろ）

1969年　大阪市天王寺区生まれ
現　在　日本大学法学部教授，札幌大学名誉教授
専　攻　政治学・行政学

【主要業績】
（単　著）
『日米首脳会談と「現代政治」』（同文舘出版，2000年）
『現代地方自治の現状と課題』（同文舘出版，2004年）
『日米首脳会談の政治学』（同文舘出版，2005年）
『現代日本政治の現状と課題』（同文舘出版，2007年）
『日米首脳会談と戦後政治』（同文舘出版，2009年）
『地方自治をめぐる争点』（同文舘出版，2010年）
『危機管理の行政学』（同文舘出版，2010年）
『日本政治をめぐる争点—リーダーシップ・危機管理・地方議会—』（同文舘出版，
　　　　2012年）
『現代政治の争点—日米関係・政治指導者・選挙—』（同文舘出版，2013年）
『現代政治論—解釈改憲・TPP・オリンピック—』（同文舘出版，2015年）
（共　著）
『ジャパンプロブレム in USA』（三省堂，1992年）
『日米首脳会談と政治過程—1951年〜1983年—』（龍溪書舍，1994年）
『クリントンとアメリカの変革』（東信堂，1995年）
『「日米同盟関係」の光と影』（大空社，1998年）
『名著に学ぶ国際関係論』（有斐閣，1999年）
『行政の危機管理システム』（中央法規，2000年）
『村山政権とデモクラシーの危機—臨床政治学的分析—』（東信堂，2000年）
『どうする日朝関係—環太平洋の視点から—』（リベルタ出版，2004年）
『政権交代選挙の政治学—地方から変わる日本政治—』（ミネルヴァ書房，2010年）
『民主党政権論』（学文社，2012年）
（共訳書）
『日米同盟—米国の戦略—』（勁草書房，1999年）
『アメリカ vs ロシア—冷戦時代とその遺産—』（芦書房，2012年）

平成23年4月5日	初版発行	
平成28年4月30日	増補版発行	（検印省略）
令和6年5月15日	増補版5刷発行	略称：民主党政権（増補）

民主党政権下の日本政治（増補版）
—鳩山・菅・野田の対米観—

著　者　　浅　野　一　弘

発　行　者　　中　島　豊　彦

発行所　**同 文 舘 出 版 株 式 会 社**
東京都千代田区神田神保町 1-41 〒 101-0051
営業（03）3294-1801　　編集（03）3294-1803
振替 00100-8-42935　https://www.dobunkan.co.jp

©K.ASANO　　　　　　　　　印刷・製本　三美印刷
Printed in Japan 2016
ISBN978-4-495-46442-4

JCOPY〈出版者著作権管理機構 委託出版物〉
本書の無断複製は著作権法上での例外を除き禁じられています。複製される場合
は，そのつど事前に，出版者著作権管理機構（電話 03-5244-5088，FAX 03-5244-
5089，e-mail: info@jcopy.or.jp）の許諾を得てください。